El trono en llamas

última línea
de narrativa

Ignacio del Burgo

El trono en llamas

LOS TRES DÍAS QUE PRECIPITARON LA CAÍDA DE ALFONSO XIII

Prólogo de Alfredo Urdaci

Primera edición, abril de 2024

© Ignacio del Burgo, 2024

© Diseño de cubierta: Bb García-Heras / www.disecreativo.com

© Última Línea, S.L., 2024
Juan Cortés Cortés, 3
29010 Málaga
www.ultimalinea.es
editorial@ultimalinea.es

 www.facebook.com/EditorialUltimaLinea

 @EdUltimaLinea

ISBN: 978-84-18492-66-2
Depósito legal: MA 1659-2024
THEMA: 3MPBGJ-ES-A

Impreso en España – Unión Europea

ÍNDICE

PRÓLOGO

LAS RIMAS DE LA HISTORIA

Alfredo Urdaci

Las obras que relatan y explican la caída de la monarquía en 1931, y el cambio de régimen que trajo a España la II República, ocupan salas enteras de una biblioteca ideal. Este *El Trono en llamas* que sigue en orden cronológico aquellos sucesos, desde la noche del 12 de abril de 1931, es una destilación prodigiosa de todos esos otros libros. Concentra en el desarrollo de los acontecimientos de los tres últimos días del reinado el análisis de todo un periodo histórico que comienza en 1902, cuando a la edad de dieciséis años, Alfonso XIII juró la Constitución de 1876 en el salón de sesiones del Congreso de los Diputados.

No pretende el autor con este relato suplir, matizar o corregir la investigación historiográfica. Más bien al contrario, se apoya en ella y cita la bibliografía empleada, en la que abundan las confesiones y los diarios, las memorias de los actores principales: el conde de Romanones, Cambó, Miguel Maura, el Marqués de Hoyos, Dámaso Berenguer, Alcalá-Zamora, Juan de la Cierva, Emilio Mola, y los juicios y reflexiones de las personas más cercanas al rey Alfonso XIII, al que Luis Ortiz y Estrada considera el artífice de la segunda edición de un régimen republicano en España. Estamos ante un relato ágil y trepidante, una narración que se sirve de las herramientas de la crónica para componer y comprender la sucesión de actitudes, hechos y decisiones que llevaron al rey a entregar la corona y marcharse al exilio. El narrador, omnisciente, es un testigo contenido, que no juzga, que apunta, anota, y recoge los detalles más relevantes.

A pesar de conocer el final, o quizá por eso mismo, el lector navegará de un tirón por las páginas de este tomo, como si de una novela de intriga bien armada se tratara. Cada vez que nos asomamos a aquella hora de España nos atrapa la perplejidad que se cuestiona cómo fue posible que el régimen monárquico se precipitara en horas, sin violencia, sin resistencia por parte de las instituciones legítimas y constitucionales. Cómo fue que España se acostó monárquica y se levantó republicana, como dice en esta novela/crónica el presidente del gobierno Juan Bautista Aznar a un periodista que reclama una declaración sobre el resultado de las elecciones municipales. La torpeza de Aznar demostrará que ya en la España de la época se cumplía la promesa de Nietzsche de que llegaría un día en que los hechos no tendrían más valor que las interpretaciones.

La función de la novela en este caso no es la suplantar a los historiadores. En la obra de Ignacio del Burgo no hay lugar para la ficción, ni siquiera en los detalles ambientales. Todos los personajes son reales, no hay ninguno que sea una criatura de la invención. Lo narrado se acerca más a un gran reportaje periodístico, o a la prosa de un sumario bien contado. Eso explica su extensión. *El trono en llamas* no es un relato autónomo de la Historia, no pretende construir una arquitectura de ficción que se asiente sobre los cimientos de los hechos. Su recuento es, por tanto, seco y breve, humilde desde el punto de vista del escritor, que se resigna a no crear, y por tanto más relevante para comprender el sentido de los sucesos. Cita detalles ambientales, pero nunca se recrea en ellos; ordena el relato con claridad, y se ciñe al punto de vista de los responsables del Estado: el Rey, el presidente del Gobierno, y sus ministros.

El Trono en llamas puede alimentar un nuevo capítulo del eterno debate sobre el papel de la novela en la Historia. Esta no es una novela histórica, pero sí una narración de la Historia que tiene la función de representar el paisaje psicológico y existencial de los actores principales, en un artefacto que contribuye a racionalizar el sentido de los hechos. Alfonso XIII llegó al 12 de abril debilitado no solo por la opción dictatorial de Primo de Rivera, sino por su incapacidad de mantener un diálogo que incluyera a todas las fuerzas monárquicas y republicanas. En su claudicación pesó su soledad, tanto como la enfermedad de su hijo, postrado esos días por una crisis de hemofilia.

Son las personas las que hacen las instituciones, y en aquella hora, la impresión que refleja el relato es que el rey estaba rodeado no solo de mediocres calculadores, sino de políticos que o bien abandonaron su función o se dedicaron a ejercer un papel que no les correspondía. La cita de Ángel Ossorio que aparece en el epígrafe de este relato recuerda que los regímenes políticos se derrumban por la aflicción o el alejamiento de quienes deberían sostenerlos. La historia de los tres días que llevaron a la caída de la monarquía española ilustra esa idea con una certeza sólida. Pero a esa reflexión habría que añadir que el hundimiento es más probable cuando las instituciones de una democracia son débiles, o han sido minadas por el ejercicio del cálculo, hasta convertirlas en una mera expresión de las personas que las ocupan. En su fortaleza, soportan a los gobernantes más ególatras, pero en la debilidad, son rehenes de sus caprichos.

Tiene el lector de *El Trono en llamas* la impresión constante y reiterada de que vivimos en la España de 2024 un clima similar a aquel de 1931. Escribió Mark Twain que la Historia no se repite, pero rima. La consonancia de los tiempos nos lleva a darle la razón. Hoy la clase política está entregada no a mejorar la realidad sino a negarla. Estremece comprobar cómo el advenimiento de la República se forzó a través del chantaje político en los despachos, con la amenaza de la violencia, mientras se llevaba a la opinión pública al entusiasmo por un cambio de régimen con la promesa de salvar a España de la convulsión y la catástrofe.

Antes de que se proclamara la República, los partidarios del nuevo régimen ya habían declarado el nacimiento del Estado catalán y la consiguiente secesión. El engaño y la mentira se convirtieron en las palancas para destronar a un rey que se marchó para evitar el derramamiento de sangre que le aseguraban sus enemigos, los mismos que poco después levantarían las armas de la revolución. Pero nada de lo narrado en este relato esencial habría sido posible sin el concurso de la renuncia moral y política de quienes estaban al frente de las instituciones, sin el cálculo interesado de quienes buscaron un lugar en el nuevo régimen antes que cumplir su tarea de defender la legitimidad. El pueblo salió a la calle animado por las promesas de paz y concordia y fue conducido unos años después al abismo. Hoy, más que nunca, lectores, es imprescindible conocer la Historia para que no se repita, para que, si acaso, solo rime, y el verso continúe con una música asonante.

Para Carla, Martina y Paula, que iluminan mi mundo.

«Ni un solo instante desde su nacimiento ha dejado de ser el rey Alfonso el hombre más solitario de España... y quizá del mundo entero».

PILAR DE BAVIERA Y BORBÓN

«Si hubiera en España un pueblo al que no pudiera entrar, no quisiera ser rey».

ALFONSO XIII

«Los regímenes políticos no se derrumban ni perecen por el ataque de sus adversarios, sino por la aflicción y por el alejamiento de los que deberían sostenerlos».

ÁNGEL OSSORIO Y GALLARDO

Domingo, 12 de abril de 1931

CAPÍTULO 1

LA VOLUNTAD DEL PAÍS

Madrid anochece tranquilo. El vocerío de los últimos días parece haberse apagado. No se escuchan gritos ni bocinazos, tampoco tiros. Hay pasquines subversivos por doquier y propaganda entusiasta de la revolución en las fachadas de los edificios. Pero ha cesado la violencia y el alboroto. No suenan vivas al rey ni proclamas fervorosas a la república. En su lugar, una tensa calma usufructúa en precario las calles de la capital, bajo la frágil tregua que una y otra España se conceden hasta que hablen las urnas.

En medio de esa quietud, un automóvil oscuro penetra en la Puerta del Sol para detenerse frente a Gobernación. Desciende del coche el conde, con su sombrero bombín en la mano, y siente el azote de una ráfaga de aire frío. No son buenos presagios los que se apoderan de su ánimo. Está inquieto; tanto ansía conocer el veredicto del escrutinio que ha dejado plantados a los representantes de la prensa extranjera para acudir al ministerio del marqués de Hoyos, que a estas horas recibe los primeros datos oficiales a través de los gobernadores civiles.

Anoche el conde sacó pecho ante esos mismos corresponsales:

—Ya habrán visto todos que este Gobierno cumple su programa —les declaró, con orgullo impostado—. Se decía que no habría elecciones, y ya estamos en ellas; se anunció que se suspenderían las garantías constitucionales, y ahí está en vigor la Constitución.

Fue más allá en sus manifestaciones al sentar las bases del triunfo con palabras que tantos quebraderos habrán de provocarle en los días venideros:

—Si, de los ochenta mil concejales, cuarenta mil uno resultasen antidinásticos, acataríamos el fallo; pero el cómputo ha de hacerse por el número de concejales, pues no se pueden establecer distinciones entre los concejales del campo y los de las ciudades, ni clasificar a los electores como de primera, segunda y tercera. Precisamente la soberanía del sufragio universal estriba en que cada hombre es un voto.

Ahora, cerrados los colegios electorales desde las cuatro de la tarde, se pregunta el conde liberal qué es lo que habrán votado los hombres de España en unas elecciones municipales llamadas a pulsar la opinión del país tras los siete años de dictadura del general Primo de Rivera.

Junto a la entrada del Ministerio de la Gobernación, se halla un grupo de hombres de aspecto revoltoso y en actitud nada tranquilizadora. El conde repara en ellos y percibe de inmediato la inquina en sus miradas. Al pasar a su lado, uno le espeta:

—Romanones, te vamos a colgar de los cojones.

Los demás estallan en risotadas.

—Pero, descuida —le dice otro—, que te colgaremos con tu Borbón.

Él baja la cabeza y acelera el paso hasta acceder al zaguán del edificio. Sube las escaleras apoyado en su bastón mientras concentra sus pensamientos en ese detalle del incidente que lo ha perturbado. No es el exabrupto del deslenguado; tampoco la actitud insolente y bravucona de los radicales ante un grande y ministro de España. No, lo que en verdad lo ha sobrecogido es el amago de sonrisa que ha asomado en el semblante de los guardias apostados a la entrada.

Son las ocho de la tarde cuando el conde de Romanones entra en el despacho del marqués de Hoyos. Se encuentran allí reunidos sus compañeros del Gobierno, salvo los ministros de Guerra, Marina y Hacienda, este último en Barcelona. Con ellos está el general Sanjurjo, director de la Guardia Civil, enfundado en su uniforme militar. Los rostros de los presentes reflejan expectación y nerviosidad contenida. Todos guardan silencio, pendientes de las informaciones que le transmiten por teléfono en ese momento a Hoyos y que este anota en una libreta. Cuelga el aparato el ministro de la Gobernación, alza la vista y dice, ceremonioso:

—Señores, el resultado en Madrid nos es muy desfavorable. Las candidaturas monárquicas pierden en los diez distritos. En Chamberí, por ejemplo, Alcalá-Zamora cuadruplica en votos al candidato monárquico más aventajado. Pero incluso en el Centro y en Buenavista, si bien con menor diferencia, la victoria de republicanos y socialistas se antoja igual de inapelable.

—¿Y en el distrito de Palacio? —pregunta alguien.

Hoyos consulta sus anotaciones.

—Allí nos doblan en votos —responde.

La noticia adquiere tintes de catástrofe. Es difícil digerir que en las sedes del comercio y la burguesía, como el Centro, o de las clases aristocráticas y privilegiadas, como Buenavista, el barrio más adinerado de la capital, se hayan impuesto las banderías de la república.

—Si estos datos se confirman —añade Hoyos—, el escrutinio final será de treinta concejales para los republicanos frente a veinte monárquicos.

El resultado de Madrid genera un efecto devastador en los presentes. Romanones observa a los prohombres de ese Gobierno, heterogéneo en ideas y personalidades, que hubo de remendarse como último reducto de la monarquía. Apenas dos meses han pasado desde que se gestó la componenda política en el despacho de Berenguer, presidente dimisionario que entendió al fin inviable su pretendida vuelta a la normalidad tras el largo paréntesis dictatorial. Fue el presidente Berenguer quien decretó el restablecimiento de las garantías constitucionales al convocar las elecciones a diputados y senadores para el 1 de marzo, pero la convocatoria quedó abortada por la anunciada abstención de republicanos y socialistas, y por la deserción fatal del bloque liberal, liderado por Santiago Alba desde su autoexilio dorado en el hotel Meurice de París. Sin el concurso electoral de esos elementos políticos, la restauración democrática sería poco más que una quimera. El Gobierno, de nuevo, había entrado en crisis.

Hicieron falta cinco horas de viva discusión y laborioso debate para que los distinguidos líderes de los partidos liberales, conservadores y regionalistas alumbraran un gabinete de concentración monárquica en aquellos momentos críticos. Primero hubo que proceder al reparto de las carteras ministeriales:

—Mi experiencia política aconseja que se lo prevenga a ustedes —había dicho Berenguer—: para el Ministerio de la

Gobernación es necesario una persona joven y de gran resistencia.

De la Cierva, exponente de la derecha, y uno de los tres hombres que Primo de Rivera, tras anunciar su dimisión, había propuesto al rey para la presidencia, esperaba que alguien sugiriera su nombre para el ministerio más importante del Gobierno. Pero nada.

—Insisto —añadió Berenguer—, debe ser joven y…

—No insista usted, mi general —lo interrumpió De la Cierva, con su rudeza habitual—. Ya sabemos que los viejos estamos excluidos.

Terció entonces el duque de Maura:

—Usted, don Juan, debe ir a Fomento.

—Bien —consintió De la Cierva, resignado—. Creo que allí hay algunas dificultades con los ferroviarios —ironizó, en alusión a las reivindicaciones de los trabajadores del ferrocarril, que demandaban un aumento de sus haberes.

—Sí, pero usted las resolverá sin gran esfuerzo.

—Aceptado —concluyó De la Cierva—. Y usted, ¿qué puesto desea?

—Yo, Estado —respondió el duque de Maura.

—Yo voy a Estado o a mi casa —sentenció Romanones, inflexible.

—Pues iré a Gracia y Justicia —se conformó el duque.

—De eso ni hablar —intervino Manuel García Prieto, marqués de Alhucemas—. Yo voy a esa cartera o a ninguna.

—¿De suerte que yo he de ir a Economía? —planteó el pontevedrés Gabino Bugallal, presidente del Partido Conservador.

Así fue como aquella colección de hombres de vetusto pedigrí nobiliario y político, seis aristócratas y cuatro expresidentes entre ellos, formaron un gabinete variopinto de cantones independientes. La disputada cartera de Gobernación fue objeto de un intenso intercambio de impresiones y, por fin, transigida a favor de un grande de España, el marqués de Hoyos, anodino caballero alejado de luchas políticas, cuya inteligencia y lealtad suscitaron aceptación y consenso entre los asistentes. En cuanto a la presidencia del Consejo, ningún jefe de grupo iba a mostrarse dispuesto a cederla al otro. Nadie estaba por la labor de permitir a sus adversarios aprovecharse de la crítica situación para fortalecerse políticamente, en previsión de lo cual, Romanones, con su ingenio natural, improvisó de forma habilidosa el nombre del almirante Aznar, capitán general de la Armada, al que ya se había ocupado de hacer venir desde Cartagena días antes. Era Aznar un viejo marino, personaje imperturbable huérfano de toda experiencia política, a quien nadie confería el liderazgo ni la autoridad que las circunstancias demandaban. El general Mola diría de él que, cada vez que lo visitaba en su despacho de la Presidencia, lo encontraba sumido en la lectura del Rocambole.

Asignadas las funciones, había que conciliar un programa político. Hubo acuerdo en convocar las elecciones municipales, seguidas en breve plazo de las provinciales y de las generales, y merecieron el asentimiento de los concurrentes las medidas de estabilización de la moneda. La disensión vino por la cuestión catalana: los regionalistas pusieron encima de la mesa una propuesta de declaración sobre el carácter político de la autonomía, que los nuevos ministros, no sin arduo debate, atenuaron a un ámbito administrativo de alcance reducido.

—Yo eso no lo firmo —había protestado De la Cierva, ante la fórmula desarrollada por el representante de Cambó.

—Tampoco yo —se sumó Bugallal.

Declaró De la Cierva a continuación:

—Lo que les sucede a ustedes, los catalanes que se presentan como moderados, es que no señalan con sinceridad el límite de las aspiraciones regionales, sino que ganan etapas posibles en el camino del fin verdadero, que unos, como Macià, proclaman abiertamente y hasta han querido recorrerlo con la fuerza, mientras otros usan mejores y más suaves palabras, aunque en el fondo tengan las mismas aspiraciones.

Los regionalistas habían acusado el agravio y a punto estuvieron de levantarse de la mesa. Si no lo hicieron fue porque la gravedad de la situación no aconsejaba arriesgar el acuerdo. Cambó, partidario de una renovación plena de la vida pública, pero sin cuestionar la monarquía ni al rey, impuso mesura entre sus leales, convencido de que era necesario participar en el Gobierno nacional para procurar al país estabilidad frente a la embestida republicana.

Entra en el despacho el secretario del ministro de la Gobernación.

—Señor ministro —le dice a Hoyos—, el gobernador civil de Guadalajara al aparato.

El aviso acrecienta la inquietud de Romanones, que se atusa las puntas del bigote mientras observa al marqués atender la llamada.

—Trece concejales para la conjunción de republicanos y socialistas, y siete monárquicos —anuncia Hoyos.

Romanones se queda atónito. Ve desvanecerse como el humo cincuenta años de vida política. No termina de asimilar tan deshonrosa pérdida en su propio feudo. No es posible que los guadalajareños le hayan dado la espalda de semejante forma.

—Ahora es cuando les digo a ustedes que todo está perdido —afirma, con la voz rota.

Y, en esas, suena de nuevo el teléfono.

—Murcia, derrota completa de los monárquicos.

—¡Eso no puede ser! —exclama De la Cierva, con ese ímpetu tan suyo y llevándose las manos a la cabeza.

—Hable usted con el gobernador si lo desea. —Hoyos le tiende el auricular.

Avanza la noche bajo el signo de la desgracia. Se suceden las malas noticias en Barcelona, Valencia, Sevilla, Zaragoza, Bilbao... La victoria de las candidaturas republicanas se extiende a casi todas las capitales de provincia, que acaban siendo cuarenta y una. Triunfan incluso en San Sebastián y Santander, donde la familia real pasa los veranos, en sus palacios de Miramar y de la Magdalena. Los partidos monárquicos tan solo salvan de la derrota Cádiz, Palma de Mallorca, Las Palmas, Burgos, Ávila, Soria, Lugo y Orense, además de Vitoria y Pamplona, en ambos casos encabezados por los jaimistas. Las demás se rinden al embate revolucionario.

Pese a ello, los presentes aún hallan un cierto consuelo en los pueblos y las ciudades pequeñas, de suerte que el escrutinio, a esa hora de la noche, arroja una proporción de quince mil concejales monárquicos por cinco mil republicanos y socialistas.

—Con todo, un desastre —admite alguien.

—Pero ¿les ha sorprendido a ustedes? —pregunta Maura—. Todavía pudo ser mayor. Lo había dicho yo hace tiempo.

De la Cierva enarca las cejas, asombrado, y dice:

—¿Cómo, duque, si lo sabía, no nos lo advirtió para poner remedio, y si no lo tenía, para preparar el ánimo y adoptar algunas medidas?

—Yo lo había previsto —zanja Maura.

Romanones lamenta compartir la opinión del duque. Confiaba en la resistencia de las grandes ciudades, mas asume ahora que, en efecto, muy ciego había que estar para no ver llegar semejante debacle.

Porque hubo inteligencia en la estrategia del bando republicano al concentrar sus energías en las capitales y alejarse de los pueblos, proclives a la influencia caciquil; más aún en Madrid, donde los integrantes del comité revolucionario han liderado las candidaturas en los diferentes distritos.

Porque, frente a la conjunción de republicanos y socialistas, apiñados en listas unitarias, los viejos partidos dinásticos no han dejado de exhibir desunión y rivalidad, a vueltas con sus antagonismos y añosas rencillas, que revelan tanta ceguera como hartazgo producen.

Porque el Gobierno, desilusionado, se ha replegado en la contienda, y la prensa, con las solas excepciones de *ABC* y *El Debate*, se ha conducido en abierta hostilidad contra el régimen desde que se levantó la censura.

Porque la propaganda antidinástica ha calado en las clases medias, apaciguadas ante una república que se les promete pacífica y de orden, que no somos Rusia ni habremos de serlo; una república de derechas, apadrinada por la razón, a la medida de la burguesía conservadora y en armonía con la Iglesia. «Una república viable, gubernamental, conservadora, con el desplazamiento consiguiente hacia ella de las fuerzas gubernamentales de la mesocracia y la intelectualidad española… la sirvo, la gobierno, la proclamo y la defiendo», ha dicho Alcalá-Zamora.

Porque en mítines y discursos se ha difamado al rey, acusado con impunidad no solo de perjuro, que también, sino de asesino y de ladrón.

Porque la desidia y el derrotismo han imperado entre las filas monárquicas, y ha hecho mella el goteo de abandonos de quienes un día fueron celosos guardianes de la Corona y hoy la someten a escarnio público, cual es el caso de Sánchez Guerra, que en tantos gobiernos de Su Majestad participó, para acabar recitando en el Teatro de la Zarzuela:

No más abrasar el alma
en sol que apagarse pueda;
no más servir a señores,
que en gusanos se conviertan.

Romanones se lo ha dicho a Alba por carta: «La acusación contra el rey, de una violencia extrema, es de las que llegan. La monarquía más firme no resistiría una campaña prolongada de esta clase».

Es cierto, admite Romanones con fatalidad. Medio siglo en la arena política; ministro del último gobierno de la regencia y del primero de Alfonso XIII; por tres veces presidente del Consejo de Ministros, lo ha sido también del Congreso y del Senado, además de alcalde de Madrid en dos ocasiones, y no ha sabido prever en qué medida habría de mudar la opinión pública española. Es verdad que abrigaba dudas en algunas de las grandes ciudades, donde las clases obreras predominan, pero nunca sospechó que el abandono o la inconsciencia de los monárquicos decidieran un barrido tan completo en toda España.

Repara entonces en el laureado general Sanjurjo, que no ha pronunciado palabra mientras se iba conociendo el escrutinio de la votación. Le pregunta:

—Mi general, ¿qué piensa usted del resultado de la jornada? ¿Qué piensa de cuáles serán sus consecuencias?

Sanjurjo se toma su tiempo. Medita las palabras mientras desliza los dedos a lo largo de su bigote, hasta que al fin dice:

—Creo que en la Guardia Civil producirá hondo efecto. Cosas como esta impresionan a todo el mundo —resuelve, con pesimismo.

La respuesta, por ambigua, es insuficiente y a nadie satisface. De la Cierva requiere mayor precisión.

—¿Cuál será su actitud? —le plantea.

Sanjurjo baja la vista y oculta sus ojos de las miradas inquisitivas de los ministros. Sus palabras fluyen con cautela por la lengua, como si fuera consciente de la relevancia histórica de lo que se dispone a revelar:

—Hasta ayer sábado por la noche, podía contarse con ella absolutamente, pero después de estas elecciones… —Deja la frase inacabada, con un significativo encogimiento de hombros.

—Usted siempre ha respondido de la Guardia Civil —interviene Romanones—. ¿Podrá hacer lo mismo mañana, cuando se conozca la voluntad del país?

Pero Sanjurjo no responde. Clava la cabeza en el pecho y guarda un silencio fúnebre que acrecienta la consternación de los ministros.

De la Cierva entiende preciso ponderar las cosas en su justa medida y dice:

—Señores, conviene no exagerar. Tampoco perdamos de vista que hablamos de unas elecciones municipales que, por su propia naturaleza, no pueden decidir la suerte del país.

—Tiene usted razón —conviene el conservador Bugallal.

La reflexión del ministro de Fomento sobre la repercusión limitada de las votaciones queda en el aire durante unos instantes, pendiente de la confirmación de los demás.

—No sé, no lo tengo yo tan claro —disiente Romanones—. Que las elecciones fueran municipales o de diputados a Cortes tanto monta; lo decisivo es que las convocamos para tomar el pulso al país. Lo demás es echar agua al vino.

—Permita que discrepe, señor conde —dice De la Cierva, con frialdad—. Se convocaron para la administración de los ayuntamientos. Nada más.

—Pero no podemos negar que su carácter era eminentemente político —insiste Romanones.

—Sí, claro que podemos —repone De la Cierva—. Sería un error de grandes proporciones otorgarles un carácter plebiscitario acerca de la forma de gobierno cuando esa nunca fue su verdadera naturaleza. El tipo de régimen no estaba en las urnas.

—No ha de ser así por voluntad del Gobierno, más bien a pesar de ella, pero ya lo dijo Sánchez Guerra hace poco, que la realidad puede más que la realeza —dice el conde.

—¡Ni lo miente, haga usted el favor! —exclama De la Cierva, indignado.

—Sea como fuere —tercia Maura—, lo que importa es determinar lo que nos corresponde hacer como Gobierno.

—Desde luego, declarar que el triunfo es monárquico —se apresura a decir De la Cierva—. Y no consentir manifestaciones perturbadoras. —En este punto, se vuelve hacia Hoyos y le señala—: A usted compete, como ministro de la Gobernación, adoptar para ello todas las medidas indispensables y comunicar instrucciones a los gobernadores.

El presidente Aznar se anima a abrir la boca por primera vez:

—¿Habrá mañana sesión del Consejo? —pregunta, dirigiéndose a Romanones.

—Sería conveniente citarlo para esta misma noche o para mañana —se anticipa Hoyos—. Los ministros de Guerra y de Marina están en Madrid, y podemos dar por seguro que Ventosa ya estará volviendo de Barcelona.

—No creo que sea oportuno, ni siquiera conveniente, precipitar la convocatoria del Consejo —rebate Romanones—. Es preferible mantener la reunión del martes para dar sensación de tranquilidad y seguridad en el Gobierno.

—Coincido con el conde —dice Maura—. La situación debe afrontarse con entereza.

Así se separan los ministros. Romanones regresa al frío de la calle con los pensamientos arrebujados y una angustia profunda que embarga su mente. La pérdida de Guadalajara; el desplante de aquel grupo de indeseables («te vamos a colgar de los cojones») y la sonrisa cómplice de los guardias; De la Cierva, su actitud siempre intransigente, y, de fondo, el alcance dramático e inapelable de la derrota, que en su fuero interno juzga definitiva. Se adueña de su espíritu una pesadumbre inmensa en esas horas trágicas, y se ve acechado por el miedo, el cual se le representa en su imaginación como un espectro que proyecta sombras amenazadoras sobre el horizonte del país. El temor arraiga en sus ojos al presagiar un futuro calamitoso, donde la paz y la armonía se disipan como el humo. Le aterra la idea de que el ejercicio del sufragio desborde los acontecimientos y haga que España sucumba a la catástrofe, a la sangre tiñendo las calles como un río desbocado, a la vorágine atroz que asoló Rusia.

A punto está de entrar en el automóvil cuando lo asaltan unos periodistas.

—Señor conde, ¿han estado ustedes reunidos?

—Sí —contesta Romanones—. Mejor dicho, hemos estado en tertulia.

—¿Y cómo valora los resultados? —le preguntan.

El conde reniega de lo convenido minutos antes y, en un ataque de sinceridad, declara a la prensa:

—Nada, señores. El resultado de la elección no puede ser más deplorable para nosotros, los monárquicos. Esta es la verdad, y hay que decirla, porque sería inútil y contraproducente escamotearla o tergiversarla. Hay ahora mismo treinta y cinco capitales de provincia perdidas para los monárquicos. Ha sido esta derrota tan general que no puede achacarse a la impericia de los gobernadores, ni a la falta de organización de las fuerzas adictas, ni a circunstancias fortuitas y externas. —Y, cargando las culpas sobre Primo de Rivera y sobre Berenguer, agrega—: Han sido ocho años que, al fin, hicieron explosión.

—Ahora parece claro el error de haber perseguido y deshecho los partidos de la monarquía —observa uno de los reporteros, en referencia a esos años de dictadura.

—Tiene usted razón —concede Romanones—. Y lo peor del caso es que ya no tiene remedio.

—¿Los resultados de las elecciones traerán consecuencias políticas inmediatas?

—No deben traerlas. El momento es grave y exige del Gobierno una gran serenidad. Nada, pues, de precipitaciones ni nerviosidades. Estamos en el deber de examinar los acontecimientos cara a cara, con valor, y encauzarlos.

—¿Se celebrará mañana lunes Consejo de Ministros?

—No se ha alterado la fecha del Consejo. Se celebrará el martes, como estaba anunciado.

Romanones se despide de los periodistas con el gesto abatido y la mirada empañada por el peso abrumador de una incertidumbre insondable. Se recuesta en el asiento del coche y pide al conductor que lo lleve a casa. Sus cavilaciones se mezclan con las sombras de las calles de la capital, desiertas. Escucha el susurro de la voz del pueblo en su interior, clamando la ineludible renuncia de la Corona. El silencio y la penumbra envuelven sus reflexiones, hasta que un destello de claridad ilumina su entendimiento; se convence entonces del rumbo que España debe tomar en este momento crucial de su historia. No es posible mantener la monarquía, se dice. La caída del trono es inevitable, resuelve. Hay que paliar los daños, decide.

En el abrazo de la noche, con determinación sombría y una combinación de melancolía y audacia, una verdad innegable se abre paso en cada rincón de su conciencia: la voluntad del pueblo es clara, no es posible sostener al rey y su régimen por más tiempo. El país debe sortear pacíficamente los peligros que se ciernen sobre él para encaminarlo hacia un futuro esperanzador de renovación política e institucional.

Dirá algún día Romanones que aquella noche durmió bien, con el sueño del que todo lo considera perdido.

Lunes, 13 de abril de 1931

CAPÍTULO 2

NUBARRONES SOBRE PALACIO

—¿Hemos perdido en todos estos sitios?

—Desgraciadamente, Majestad.

El rey repasa con detalle la lista de las capitales de provincia donde se han proclamado vencedoras las candidaturas de la conjunción de republicanos y socialistas. Le sorprenden algunas derrotas, como la de Toledo, sede del cardenal primado, donde abundan clérigos y militares. Otras le duelen, como la de Santander, con holgada victoria antidinástica: diez concejales de ventaja sobre los monárquicos.

Dobla la hoja y se la devuelve con serenidad al presidente, quien da muestras de incomodidad en su despacho matinal con el soberano.

—¿Hubo ayer alguna perturbación del orden público? —pregunta el rey.

—Como medida de precaución, y para evitar la formación de grupos, se establecieron retenes de Seguridad y la Guardia Civil se apostó en las principales plazas y calles afluentes a la Puerta del Sol. Pero, a mediodía, la animación allí fue en aumento. Ante la actitud violenta de los manifestantes, que lanzaban pedradas contra los guardias, estos dispararon varias cargas y algunos tiros al aire.

—¿Y ahora?

—En este momento las calles están en completa calma, aunque aún es temprano —responde el presidente, con un deje agorero.

El rey, en silencio, extrae un cigarro de su pitillera de tabaco negro. Sus audiencias con Aznar siempre son breves. Otros presidentes solían informarlo de los decretos sometidos a su regia sanción, así como de los acontecimientos relevantes que se producían dentro y fuera de las fronteras, y que el monarca escuchaba atento, con intercambio de pareceres y propuestas. Aznar se limita a comunicarle las resoluciones adoptadas por el Consejo de Ministros, que no suelen ser novedad para el rey, pues Romanones tiene la costumbre de anticipárselas. Cambó ya lo advirtió del error, auspiciado por el conde, de entregar la presidencia a un almirante sin experiencia política, pero la rivalidad entre las facciones conservadora y liberal acabó por encontrar en Aznar un presidente cómodo, a la par que incompetente.

El presidente se mueve inquieto en la silla y dice:

—Quería expresar, señor, que el Gobierno ha cumplido su promesa devolviendo el sufragio al pueblo español. Las elecciones de ayer son la prueba de ello y nadie puede poner en duda la limpieza con que se desarrolló la votación. No existe la menor sombra de amaño ni de coacción. La cuestión es que…, y me gustaría dar con el modo adecuado de expresar esto, que después de la derrota es probable…, en fin, que Vuestra Majestad desee tomar en consideración la dimisión del Gobierno.

Mientras enciende el cigarro, repara el rey en el tono compungido y la voz entrecortada con que le habla Aznar desde el otro lado del escritorio. De cuantos presidentes ha tenido en casi treinta años de reinado, a ninguno recuerda con menos aptitudes para gobernar que ese marino caballeroso, fiel cumplidor, pero sin capacidad para soportar la carga que Romanones ha puesto sobre sus hombros.

—No existe razón para que el Gobierno haya de sentirse desautorizado por el resultado de las elecciones municipales, no cuando el cómputo total de concejales arroja una holgada mayoría monárquica. La *Hoja del Lunes* confirma la elección de una clara mayoría de concejales monárquicos frente a los partidarios de la república. Y aunque haya que esperar a conocer el resto del escrutinio, hablar en términos de derrota no se ajusta del todo a la realidad.

—Lo que dice usted es cierto y nadie con sentido lo puede rebatir —concede Aznar—. Sin embargo, no me es posible ocultar a Vuestra Majestad que la victoria de los revolucionarios en las capitales ha causado un impacto moral muy hondo en el Gobierno, y es seguro que también en otros estamentos.

No menciona el presidente la respuesta que dio anoche a los ministros el general Sanjurjo sobre el estado de ánimo de la Guardia Civil. Tampoco cita esos otros estamentos que habrían visto minada su moral después de conocerse el escrutinio, pero es evidente la alusión al Ejército, cuya lealtad el rey estima inquebrantable, sin conocer —quizás porque nadie se lo advierte— que su cohesión se halla debilitada y que no son pocos los jefes y oficiales que han estrechado lazos con los republicanos. La agitación revolucionaria permea entre la oficialidad, donde cunde el malestar por desacuerdos económicos y otras aspiraciones enfriadas durante los años de dictadura.

—Es comprensible que haya sido así —dice el rey—. Más me preocuparía que el Gobierno hubiera recibido el resultado de estos comicios con indiferencia. Pero sería precipitado juzgar la situación como desesperada. La opinión pública puede reaccionar. Solo falta un mes para las elecciones provinciales, y poco después se celebrarán las de diputados a Cortes. La verdad, no encuentro un momento más propicio para corregir torpezas y errores.

Sus palabras enmiendan la actitud timorata, casi claudicante, que algunas voces palatinas achacaron al Gobierno durante la campaña electoral, junto con la insensatez de sus líderes al acudir desunidos a ellas. Aznar no se da por aludido y objeta:

—Pero si nada se hace, habrá quien reproche que el Gobierno no acata la voluntad nacional.

El rey se yergue y se queda mirándolo.

—¿Y desde cuándo la voluntad nacional se manifiesta en unas elecciones municipales a las que la mayoría concede una importancia menor? —pregunta, grave—. Aquí en Madrid, por ejemplo, sería ilustrativo saber cuántos madrileños pasaron el domingo en la Casa de Campo o en la pradera de San Isidro, sin ir a votar. Unos, por indolencia ante la naturaleza local de la cita; otros, tal vez los más, descontando una victoria que anticipaba la elección por el artículo 29.

Alude el rey al precepto de la ley electoral que dispone prescindir de la votación cuando existan tantos candidatos como puestos que cubrir mediante los comicios. Por esta vía, el domingo pasado resultaron elegidos más de catorce mil concejales monárquicos, frente a apenas dos mil contrarios al régimen. El resultado del artículo 29 inyectó optimismo en las filas dinásticas, que se tradujo a la postre en un exceso de confianza y la relajación de sus fieles.

—Si lo que postulan los revolucionarios es un régimen alternativo al vigente —continúa el rey—, es absurdo pensar que ello pueda venir de la mano de unas elecciones a concejales. Otra cosa es que haya de anticiparse o no la convocatoria a las Cortes, cosa que el Consejo habrá de valorar, si lo tiene a bien.

Aznar calla. No quiere contravenir al soberano, o tal vez no halla argumentos para hacerlo.

—¿Cuál es el parecer de los ministros? —pregunta el rey.

—Hasta mañana no se reunirá el Consejo.

—Bueno, pues esperaremos a conocer su opinión. Quede claro que no seré yo un obstáculo para el camino que se deba tomar, pero entiendo que hay varios todavía. No considero agotadas las soluciones, ni mucho menos. Confío en que el Consejo tampoco.

Sigue un silencio incómodo y Aznar comprende que el rey, con estas palabras, ha dado por terminado el despacho. El presidente se pone de pie con cierta dificultad. Acusa su senectud y la salud delicada que lo acompaña. Ha sido el anciano almirante testigo directo de acontecimientos dramáticos y sacrificios estériles. En la batalla naval de 1898, en Santiago de Cuba, combatió a bordo del *Infanta María Teresa*, aunque con resultado penoso: la escuadra del almirante Cervera, humillada por la flota estadounidense; seis barcos inutilizados por la potencia del fuego enemigo, y un reguero de cadáveres y prisioneros en la bahía. Muy lejos queda ya el brío del viejo marino que, justo ahora, cuando el país más lo demanda, encuentra agotadas sus energías.

El rey, deferente, acompaña a Aznar hasta la puerta del despacho y se despide de él con estas palabras:

—Es importante que el Consejo no pierda su cohesión.

Permanece a solas en el gabinete, leyendo la prensa extranjera con la normalidad de cada mañana. No se engaña; el resultado electoral le desagrada, pero no le genera turbación ni intranquilidad. Sabe mejor que nadie que los españoles son fácilmente impresionables y su opinión, cambiante. Cree en lo que le ha señalado a Aznar. Hay caminos por explorar. Hágase.

Transcurre casi una hora hasta que su ayudante, el coronel Martín Alonso, le anuncia la llegada de los ministros de Estado y de Gracia y Justicia, a quienes corresponde, por turno, la audiencia de los lunes. El rey sale a recibirlos a la antecámara y percibe en seguida el aire fúnebre de sus rostros.

Acuden a la sala de consejos. Romanones y García Prieto, marqués de Alhucemas, se sientan uno frente a otro en la larga mesa donde tienen lugar las sesiones del Consejo de Ministros cuando estas se celebran en el Palacio Real. El rey toma asiento en la cabecera, ofrece un cigarrillo a sus visitantes, que declinan el ofrecimiento, y espera a que hablen los ministros liberales.

Romanones lo hace primero:

—Supongo que el presidente ha informado a Vuestra Majestad del escrutinio. La situación, y permita que ponga todo el énfasis al decirlo, es de una gravedad extrema.

El rey siente por primera vez una punzada de zozobra al escuchar al conde hablar en tales términos, pues no reconoce voz más autorizada en la política española que la del ministro de Estado, sin duda la que mayor influjo ejerce sobre el monarca.

—Uno no acaba de dar crédito —se lamenta el marqués de Alhucemas—. Hace solo unas semanas, a su regreso de Inglaterra, Su Majestad la reina casi no pudo salir de la estación del Norte debido al recibimiento apoteósico que le brindó el pueblo de Madrid. El trayecto hasta palacio se hizo interminable, entre vítores y aplausos de la multitud.

—Es verdad —asiente el rey, que enciende un cigarro—. Si hasta tuvimos que salir al balcón varias veces para agradecer a los congregados las muestras de cariño, que no cesaban. La plaza de Oriente era un hervidero de entusiasmo.

—El problema es que la campaña orquestada contra Vuestra Majestad ha sido infame —deplora el marqués—. Los ataques han sido brutales y calumniosos.

—Sí, así ha sido —concede el rey, dolido por la indefensión en que se ha sentido, abandonado por sus propios valedores.

Sabe que la difamación de su persona no ha sido obra exclusiva de los enemigos de la monarquía, sino que han coadyuvado a ella monárquicos resentidos por sus acciones u omisiones. En ese grupo están los que se ofendieron en 1923 porque entregó el poder a Primo de Rivera, y también los que se ofendieron en 1930 porque aceptó la dimisión del dictador.

Da una larga calada al cigarrillo y agrega en tono quejoso:

—Y que para colmo me cuelguen el sambenito de rey autoritario, cuando ningún monarca europeo, por muy liberal que se tenga, habría tolerado a la prensa de su país rebasar los límites de la injuria y mancillar el honor de la patria con semejante vileza. —Hace una breve pausa y añade—: Dejad que os pregunte por qué los partidos dinásticos nada han hecho por defenderme de tanta ignominia.

Ninguno de los ministros responde a la pregunta.

—Todas esas salvajadas que Prieto ha ido pregonando de mí —prosigue el rey—. ¿Cómo es posible que nadie saliera a refutarlas para defender mi honor? —Estruja el cigarrillo contra el cenicero—. En cualquier caso, ¿debemos concluir que el fervor monárquico se ha disipado de un día para otro?

—Mucho me temo que no quede más remedio que hacerlo —responde Romanones.

El rey se estremece.

—¿De verdad lo ves tan negro? —le pregunta.

Romanones está resuelto a pintar en tonos oscuros el cuadro de la realidad que percibe. A él corresponde la misión histórica de concienciar al monarca de lo que, inexorablemente, está por venir. Por eso, contesta:

—Por doloroso que resulte admitirlo, y aún más aceptarlo, la convivencia de la monarquía con el país se antoja inviable hallándose los ayuntamientos de las capitales bajo el poder de los revolucionarios. Sería un sinvivir; cuando menos, un valle de lágrimas. ¿Qué clase de recibimiento darán los alcaldes republicanos a Vuestra Majestad en sus visitas a esas ciudades?

El rey lo contempla pensativo durante un momento.

—¿Y qué solución propones?

El conde baja la mirada y omite decir que la solución ya está fuera de todo alcance. En su lugar, opta por guardar silencio, a sabiendas del presagio de calamidad que su mutismo causará en el rey. Este se incomoda y no insiste. Cambia el curso de sus pensamientos y añade:

—No dejo de preguntarme si fue acertado alterar el orden de celebración de las elecciones y anteponer las municipales a las de diputados. A buen seguro que el número de diputados partidarios del régimen hubiera sido superior al de los opositores, como ha ocurrido con los concejales monárquicos, muy por encima del total de republicanos. Ahora tendríamos un Parlamento con mayoría monárquica. —Reflexiona unos segundos y concluye—: Sí, quizás fue un error suspender las elecciones a Cortes.

—Es ocioso entrar a discurrir lo que pudo haber sido y al final no fue —repone Romanones, sacándolo de su ensimismamiento—. No vale la pena hacer cábalas ni discutir lo que ya no tiene remedio.

—El señor conde lleva razón —dice el marqués de Alhucemas—. Lo hecho, hecho está. Es un debate estéril, en cuanto que a nada conduce.

Se produce un prolongado silencio.

—¿Sería conveniente dejarme ver por Madrid? —pregunta el rey—. Es posible que eso lance una señal de normalidad al pueblo español.

Romanones mueve la cabeza de un lado a otro.

—Lo desaconsejo, señor. Evitemos cualquier gesto que pueda encrespar los ánimos de los revolucionarios. Las calles, a esta hora, están tranquilas y en paz. Hay que procurar por todos los medios que continúen en ese estado.

—Además de que ello comportaría un grave riesgo personal para Vuestra Majestad —añade el marqués.

No es esto último lo que le disuade. El rey tiene muy interiorizada la lección del padre Coloma. «Un rey —le enseñó este, cuando lo preparaba para la investidura regia— tiene que ser precisamente valiente; de lo contrario, degradará su corona y merecerá el desprecio de todos como hombre, porque jamás se disculpa en un rey la cobardía». Ese valor lo exhibió Alfonso el 9 de junio de 1905, en París, cuando explosionó una bomba al paso de su carruaje por la *rue* Rivoli. Lo volvió a demostrar, con igual entereza, un año después, el día de su boda, cuando la pareja real regresaba de los Jerónimos y una mano anarquista arrojó otra bomba sobre la comitiva nupcial. La detonación desató el pánico en la calle Mayor, en la que se sucedieron escenas de desconcierto y horror; entre guardias y espectadores, veintiocho personas sin vida. Sus cuerpos descuartizados quedaron tendidos sobre el suelo junto a los de más de cuarenta heridos, los cuales vertían chillidos aterradores. Volvió a hacer gala de coraje en 1913, a la vuelta de una jura de bandera, encabritando y abalanzado su caballo contra el tirador mientras las balas silbaban sobre su cabeza. Por su experiencia, dilatada en esta clase de lances, suele decir que prefiere los revólveres a las bombas, pues sus proyectiles causan menos estragos y le ahorran cargar en su conciencia el peso de la muerte de testigos inocentes.

—¿Qué hacer entonces? —pregunta—. ¿Debo refugiarme entre los muros de palacio hasta que las aguas se apacigüen o el Consejo se declare en crisis? ¿Es eso lo único que sugerís?

—El mejor consejo que puedo dar a Vuestra Majestad en este momento, y creo que hablo por los dos —dice Romanones, secundado por el marqués—, es que se deje guiar por la prudencia y que actúe con la mayor precaución.

Prudencia y precaución. El rey piensa en esas palabras cuando vuelve a quedar a solas. Si esa es la fórmula que le ofrece el más preciado de sus ministros, significa que las cosas pintan peor de lo que presupuso al comenzar el día.

CAPÍTULO 3

LO QUE ESTÁ POR VENIR

El general Mola, de pie frente a la mesa del ministro de la Gobernación, escudriña a Hoyos a través de sus características lentes ovaladas. La preocupación y el agotamiento resultan visibles en el rostro del político. Hoyos acusa el desgaste físico por la gestión del proceso electoral y está exhausto debido al sueño acumulado. Anoche apenas pudo pegar los ojos ni dejar de dar vueltas en la cama, temeroso de que algunos sectores monárquicos achaquen el fracaso de las elecciones a su incapacidad como titular de una cartera ministerial siempre celosa de corregir las desviaciones de la voluntad popular.

Aceptó su nombramiento el 17 de febrero igual que lo había hecho un año antes con la alcaldía de Madrid: sin desearlo, movido por su sentido del deber y por su idea de servicio al rey y al país. Muchas veces piensa que, sin duda, le hubiera sido más cómodo quedarse en su casa. Hoyos sabe que no fue la primera opción de los partidos que formaron el Gobierno Aznar. Su nombre salió a la palestra tras el veto a personas con experiencia en los resortes del poder, pero contaminadas por su significación con un bando u otro. Por eso, es consciente, a esa hora de la mañana, de que su falta de pertenencia a ninguna camarilla y su bisoñez como gobernante lo convierten en una perfecta cabeza de turco a la que endosar la responsabilidad del desastre.

Tras estrechar la mano de Mola, que se ha presentado en el despacho vestido de paisano y sin previo aviso, Hoyos se deja caer en el sillón de su escritorio y, como abrumado, reclina su calva cabeza sobre el respaldo del asiento. Se queda en silencio, con la mirada puesta en el techo durante unos instantes de meditación, hasta que vuelve la vista hacia el director general de Seguridad.

Ha pasado poco más de un año desde que el presidente Berenguer ordenó a Mola regresar de Marruecos para asignarle el cargo. En su primer encuentro, Berenguer le encomendó hacer frente y encauzar la fuerte agitación que iba a producirse a consecuencia del régimen de tolerancia que se disponía a conceder con el fin de celebrar elecciones generales para configurar un nuevo Parlamento. Tras la dimisión de Berenguer, el Gobierno, presidido por el almirante Aznar, mantuvo a Mola al frente de la policía gubernativa, que integran los cuerpos de Vigilancia y de Seguridad.

Es Emilio Mola personaje que suscita una honda animadversión entre los revolucionarios. A él le atribuyen la precipitación en que incurrió el capitán Galán al anticiparse a sublevar la guarnición de Jaca sin aguardar a la fecha que el comité revolucionario había fijado para la insurrección nacional. En agosto de 1930, las fuerzas de la oposición republicana se habían conjurado en San Sebastián para derrocar la monarquía y proclamar la segunda república. Poco después, en el mes de octubre, se adhirieron al contubernio los socialistas y la UGT, para quienes el pretendido régimen republicano no dejaba de ser una estación de tránsito que abonaría el terreno a la implantación de la dictadura del proletariado.

De este modo, fruto de la concomitancia entre republicanos y socialistas, nació un comité revolucionario que organizó el levantamiento armado contra el Gobierno de Berenguer y el rey. El día señalado para el pronunciamiento militar fue el lunes 15 de diciembre de 1930.

Por conspirar contra la dictadura del general Primo de Rivera, Fermín Galán había sido condenado a una pena de seis años de prisión en el castillo de Montjuic, lugar donde trabó amistad con distintas personalidades del anarquismo catalán. A la sombra de su fría celda escribió un ensayo ideológico que justificaba el desprecio que una parte nada desdeñable de la oficialidad albergaba por la clase política española. Tras la caída del dictador, la amnistía decretada por el presidente Berenguer lo libró de cumplir la mitad del castigo, e incluso pudo regresar al servicio activo como capitán del Regimiento de Infantería Galicia número 19, establecido en la plaza de Jaca. Galán no tardó en sumarse al alzamiento que tramaban los miembros del comité revolucionario y, deseoso de acometer el movimiento cuanto antes, se puso manos a la obra con los preparativos. Pero la indiscreción de algunos de los conjurados puso en alerta a los confidentes del director general de Seguridad.

El general Mola tenía a Galán por un oficial valiente, honrado, digno, de temperamento inquieto y muy vanidoso. El 27 de noviembre de 1930, le dirigió una comunicación en la que revelaba conocer sus actividades revolucionarias y sus propósitos de sublevarse con la tropa de la guarnición de Jaca, advirtiéndolo de los daños irreparables que tal actuación podría acarrear. Mola, en su carta, invitaba a su compañero de armas a la reflexión. Le decía que el Gobierno vigente no había asaltado el poder, y que a ninguno de sus miembros se le podía echar en cara haber tomado parte en movimientos de rebelión, a diferencia de lo que había sucedido en el caso de la dictadura de Primo de Rivera. Recordaba a Galán que los militares no se debían ni a una ni a otra forma de gobierno, sino a la patria, y que los hombres y armas que les habían confiado no debían emplearlos más que en la defensa de la nación. «Le ruego medite sobre lo que le digo, y, al resolver, no se deje guiar por un apasionamiento pasajero, sino por lo que le dicte su conciencia. Si hace algún viaje a Madrid, le agradecería tuviera la bondad de verme. No es el precio a la defensa que de usted hice ante el general Serrano, ni menos una orden; es simplemente el deseo de su buen amigo que le aprecia de veras y le abraza». Con esas palabras concluía Mola su misiva.

Si Mola pensaba que Galán acudiría a Madrid para abrazarlo, se equivocaba de plano. Su carta no solo no evitó el levantamiento, sino que incrementó las urgencias del capitán, impacientado en extremo al descubrir por esa vía que el Gobierno estaba al corriente de la conspiración. Así, sin esperar a la señal del comité revolucionario, se apresuró a levantar en armas la guarnición de Jaca el día 12 de diciembre de 1930, con el dictado de un bando de declaración del estado de guerra, donde amenazaba con ajusticiar a quien pusiera resistencia. «Aquel que se oponga de palabra o por escrito, que conspire o haga armas contra la república naciente será fusilado sin formación de causa», rezaba, tajante, su edicto.

Los sublevados detuvieron al gobernador militar y a varios oficiales que no secundaron el alzamiento. Tras tirotear a un sargento de la Guardia Civil y a una pareja de carabineros que se negó a entregar las armas, tomaron la oficina de correos, el centro de teléfonos y la estación de tren. A media mañana, proclamada la república, la bandera tricolor ondeaba en el balcón del ayuntamiento de Jaca. No sería por mucho tiempo.

Galán puso a la tropa en marcha en dirección a Huesca, con el objetivo de lanzarse sobre Zaragoza. Sin embargo, la improvisación segó de raíz los planes del insurrecto. La salida de Jaca se demoró durante horas, las que tardaron en requisar y avituallar los vehículos. Muchos de ellos fueron sobrecargados de hombres y municiones, y otros adolecían de deficiencias mecánicas que dieron lugar a una sucesión de averías, las cuales interrumpieron constantemente el avance. En la primera hora de marcha, la columna que discurría por la carretera apenas alcanzó a cubrir una distancia de nueve kilómetros. A ese ritmo, llegar a Huesca costaría una eternidad. Si las batallas se ganan por piernas, como sentenció Napoleón, pronto se hizo evidente que aquella no tenía la menor posibilidad de terminar en victoria. Lo que el desdichado capitán había imaginado como una operación relámpago derivó a la postre en una marcha lenta y penosa del contingente rebelde. El desánimo cundió entre los soldados, mal racionados y peor equipados, expuestos al crudo invierno oscense.

Enterado de la situación, el Gobierno dispuso de margen para reaccionar y organizó una rápida contraofensiva. Tan pronto como el regimiento leal mandado desde el cuartel de Zaragoza arrojó la primera granada, los sublevados se abandonaron a una atropellada y patética desbandada. El alzamiento quedó sofocado con presteza.

En poco más de media hora, un consejo de guerra sumarísimo despachó el juicio a los cabecillas de la revuelta y condenó a muerte a Galán y a su compañero, el capitán García Hernández, ambos fusilados el día 14 de diciembre, tras desoír el rey y su Gobierno las peticiones de clemencia. Para Mola, y para muchos otros, la ejecución de estos oficiales fue la mayor torpeza que pudo cometer el régimen, pues proporcionó a la causa republicana sus primeros mártires.

Todo aquello se había producido antes de que Hoyos ocupara el despacho oficial en que ahora se encuentra junto al general Mola.

—Los de Acción Ciudadana me aseguran que hubo un republicano en Madrid que votó tres veces —dice el ministro, adoptando una actitud atormentada—. ¿Será que no he sabido hacer bien las cosas?

—Eso no es cierto —repone Mola, con contundencia—. Tal como se llevó ayer la votación, no fueron posibles trampas de esa índole. El resultado es la verdad. Sí, es sensible para los monárquicos, pero esa es indiscutiblemente la voluntad nacional, hoy por hoy.

—¿Y cree usted que esto puede tener una importancia decisiva?

—Lo que yo creo, señor ministro, es que, si no de momento, en plazo relativamente corto se impondrá la república.

—Lo dice con una seguridad inquietante —comenta Hoyos, con voz trémula, y se hunde aún más en el sillón.

Mola se compadece de la expresión lastimera que ofrece su superior. Prefiere no avivar la zozobra del ministro y omite narrarle el encuentro que mantuvo esta madrugada con una de sus fuentes más fidedignas. Recibió su llamada sobre las dos y media, pidiendo verlo lo antes posible para ponerlo al corriente de algo que juzgaba de su interés. Quedaron en encontrarse en la calle de la Libertad, pero, al llegar Mola, no había rastro del informador. A punto estaba de dar media vuelta cuando sintió de repente que alguien lo cogía por el brazo. Al girarse, le sorprendió verse ante una joven muy atractiva, de ojos azules y cabellos dorados que caían en cascada sobre los hombros.

—Es usted el general Mola, ¿verdad? —le preguntó, con la seguridad de quien ya conoce la respuesta.

—El mismo. ¿Qué desea? —repuso Mola, un tanto desconcertado.

—Mi amigo, el hombre con quien usted ha hablado por teléfono hace unos minutos, no se ha atrevido a venir. Nos espera en casa. Le llevaré hasta allí —le dijo, con determinación, y, colgándose licenciosa de su brazo, echó a andar.

—No me es posible separarme mucho de la Dirección —objetó Mola, quien hizo ademán de desasirse—. ¿Vive demasiado lejos?

Pero ella se agarró con mayor decisión y contestó:

—Mi casa, donde le espera, está a dos pasos de aquí. Muy cerquita, ya verá.

Era cierto. En unos pocos minutos, el director general de Seguridad y la misteriosa mujer de ojos claros se hallaron frente a un portal que les abrió el sereno. En penumbra, ascendieron tres pisos por una escalera estrecha y empinada, hasta llegar al ático. La joven pidió a Mola que aguardase en el recibidor y desapareció sin despedirse.

Mola entró en un pequeño domicilio perfumado, lleno de retratos y cuadros sugestivos, con las paredes revestidas en papel de tono suave y motivos florales. No le costó darse cuenta de que aquel lugar era un coqueto nido de amor. Apareció entonces su confidente, un tipo de complexión robusta y mirada penetrante que iba vestido con traje oscuro, sin corbata; salió a su encuentro y le estrechó la mano de forma afectuosa. Mola tenía absoluta confianza en él tras haber dado este muestras de prudencia y lealtad en ocasiones anteriores.

—Perdone, don Emilio, que no haya acudido a la cita, pero al enterarse la mujer que acaba de conocer (y que, por cierto, se llama Mary) del lugar donde íbamos a celebrar nuestra entrevista, se ha puesto tan pesada que he tenido que acceder a su pretensión de que hablásemos aquí.

—No importa —dijo Mola—. Así he tenido el gusto de conocer a ese encanto de criatura de la que usted disfruta, y que es tan discreta que nos ha dejado solos.

—Muchas gracias en nombre de ella, don Emilio. Es, efectivamente, una chica discreta, prudente y... económica; yo, por otra parte, soy un hombre liberal, de espíritu moderno y comprensivo; nos complementamos.

—Bien, ¿qué cosas eran esas tan importantes que tenía que decirme? —Mola desvió la conversación para evitar que el tiempo se les fuera en divagaciones que no le interesaban en absoluto.

El informador le ofreció asiento en unas butaquitas de color rojo ubicadas junto a la puerta de acceso a la terraza.

—Pues, verá —comenzó a decir, con voz queda, tras encender un cigarrillo—. Ya es público y notorio en Madrid, a estas horas, el catastrófico resultado de las elecciones. El comité revolucionario quiere aprovechar estos momentos de fervor republicano para derribar la monarquía. Sé que esta noche han cursado o piensan cursar órdenes a todas las provincias para que el pueblo se eche a la calle y obligue al rey a marchar. En esa labor han de ayudar de una manera eficaz no solo las masas obreras, sino también, y muy especialmente, el personal de los cuerpos de Correos y Telégrafos, en los cuales existe un número extraordinario de funcionarios antimonárquicos. Las comunicaciones de España puede decirse que están en manos de los enemigos del Gobierno.

—¿Tiene usted certeza de lo que dice?

—Completamente. También sé, por informes facilitados por un individuo de absoluta garantía, que aquí, en Madrid, piensa levantarse bandera contra el general Berenguer por lo de Jaca, y también por lo de Marruecos. Quieren inutilizar al único ministro que creen capaz, con De la Cierva, de hacer algo por el rey. También es probable que se ataque a este por lo del proceso de Ferrer, y al ministro Ventosa por lo de la banca yanqui.

El informador se detuvo para dar una calada a su cigarro y agregó:

—Contra usted, no obstante tener algunos enemigos de cuidado, como Galarza y Albornoz, pongo por caso, no hay nada. Sin embargo, como no sabemos lo que puede ocurrir, ni si los estudiantes y periodistas aprovecharán la agitación para resucitar unos lo de San Carlos y otros vengarse de lo que usted sabe, ni que decir tiene que esta casa está por completo a su disposición, esté yo o no esté, pues ya he hablado con Mary del asunto. Este ático es un lugar seguro. Si fuere necesario, le proporcionaría un automóvil con el que podrá llegar hasta la misma frontera de Portugal por una ruta fiable. El automóvil será conducido por su dueño, que es un amigo de mi confianza e incapaz de una charranada. Es cuanto tenía que decirle.

—Pero ¿tan mal ve usted los asuntos?

—Yo, la verdad, don Emilio, creo que la república es cosa de pocas semanas. Al Gobierno le han de faltar energía y apoyos efectivos. No espero que el rey viva o esté en España para el día primero de mayo. Puede dar por seguro que se ha acabado la dinastía borbónica. ¡Pobre don Alfonso!

Mola no duda de la franqueza con que le habló aquel peculiar personaje en el pisito de su novia, que le cedió con gusto. Le pareció de todo punto verosímil que el resultado de las elecciones municipales provocara en el bando antimonárquico alguna reacción para intentar derrocar el régimen.

Tampoco le cuenta a Hoyos que otro confidente ha acudido a verlo para rogarle la devolución de unas informaciones escritas de su puño y letra acerca de la actividad de cierto líder opositor. Primero, el hombre trató de escudar su petición en problemas de conciencia:

—Don Emilio, no puedo seguir con este sentimiento de culpa. He traicionado a mis amigos. Mi comportamiento es propio de un canalla.

Mola no creyó por un segundo en el supuesto arrepentimiento de su soplón.

—Estoy dispuesto a complacerle —repuso—, siempre y cuando me reintegre las cantidades que, sin regateos y religiosamente, le he abonado tanto por sus servicios como por ciertos documentos originales.

Sus palabras desconcertaron al confidente. Este le reveló entonces sus temores por el curso inminente de los acontecimientos, dando por hecho que los republicanos no tardarían en alzarse con el poder, y apeló a su caballerosidad, recordándole la lealtad con la que hasta entonces le había servido.

—Se lo ruego, mi general, necesito deshacer mi pasado y el rastro de mis traiciones. Las únicas pruebas materiales de ello son los documentos que tiene usted en su poder.

Parecía aterrado, y Mola quedó estupefacto al verlo derrumbarse, pues, de pronto, el hombre se puso de rodillas y rompió a llorar como un niño.

La conclusión del general Mola es que ambos colaboradores tienen razones fundadas para presagiar lo que está por venir. Por eso, cree indispensable advertir al ministro Hoyos de la necesidad de adoptar medidas de orden que apacigüen las calles y eviten cualquier amotinamiento.

—Dada la gravedad de la situación creada por el resultado de las elecciones, y en previsión de la exaltación revolucionaria que puede estar por llegar, el Gobierno debería plantearse la suspensión de las garantías constitucionales y la declaración del estado de guerra —propone.

—¿También lo cree usted necesario? —pregunta Hoyos, recordando el requerimiento que, en esa misma línea, le hizo De la Cierva la noche pasada.

—Es difícil de creer que los republicanos vayan a permanecer de brazos cruzados. Y sabemos que han enviado hojas a sus adeptos en el Ejército, instándolos a no oponerse a los deseos del pueblo, aunque se les ordene disolver las manifestaciones que puedan verificarse en solicitud de la república. Les dicen que solo así se evitarán graves perjuicios y la guerra civil en que pudiera desembocar la represión, y que, en otro caso, serán culpables de la sangre y la ruina del país.

—Está bien —accede Hoyos—. Lo plantearé cuando se reúna el Consejo de Ministros.

—Es posible, señor, que para entonces sea tarde.

Pero Hoyos no escucha y vuelve a sus lamentos.

—Mi amargura es pensar: ¿seré el causante de todo lo ocurrido? ¿Juzga usted que he tenido medios para evitar el desastre de las elecciones? ¿Hubiera conseguido otro ministro un éxito?

—No. Honradamente, creo que no —le responde Mola—. Lo sucedido es que, por muchas razones que usted conoce tan bien como yo, o mejor si cabe, el panorama español ha variado mucho de pocos años a esta parte, y contra una opinión arraigada, justa o no, es imposible ir, máxime en tiempos como los presentes, en que ya no son posibles los pucherazos de otras épocas.

Hoyos parece encontrar un cierto consuelo en las palabras de Mola.

—En todo caso —añade el general, antes de marcharse—, déjeme insistir en que ahora mismo lo apremiante es adoptar medidas para mantener el orden público.

CAPÍTULO 4

LA EMBAJADA DE LOS SEÑORES DEL RITZ

Un oficial llama a la puerta y entra en el gabinete del rey para comunicarle que Honorio Maura se encuentra en palacio y pide ver al monarca con la máxima urgencia. Intrigado por la inesperada visita, el rey sale con prontitud a recibirlo en la antecámara.

—¡Honorio! Por fin una cara amiga —dice, al verlo.

—¿Cómo está Vuestra Majestad? —pregunta el dramaturgo, amigo personal del soberano.

—Estaba bien hasta la audiencia con los ministros de turno. Romanones me ha transmitido muy malos presentimientos. ¿Tú qué opinas del resultado?

—Pues, que los españoles somos un pueblo impredecible y de convicciones volátiles. Como ese señor que, al preguntarle cómo ha ido la votación, contesta: «Nada, que íbamos a ganar los monárquicos y al final ha resultado que hemos ganado los republicanos».

La ocurrencia despierta una sonrisa en el rey.

—Ven, vayamos fuera.

Salen a la terraza que asoma a la plaza de la Armería, donde se hallan varios miembros del Escuadrón de Escolta Real sin dar muestras de anormalidad. El rey se apoya en la balaustrada y observa a los alabarderos que custodian el alcázar que cuarenta y cinco años atrás lo vio nacer, y donde ha pasado toda su vida. Transcurridos unos segundos, se vuelve hacia Honorio.

—Me han dicho que te urgía verme.

—Y así es. Un grupo de ilustres personalidades me ha reclutado como emisario bajo la idea de que me sería fácil y rápido acceder a Vuestra Majestad.

—¿De quiénes se trata?

—De mi hermano Gabriel y el señor Ventosa. Esta mañana, a primera hora, han telefoneado a mi domicilio para pedirme que acudiera sin falta al Ritz. Allí los he encontrado reunidos, en compañía de los señores Goicoechea, Silió y Montes Jovellanar.

—El bloque maurista, en conciliábulo con los regionalistas —apunta el rey.

—Aquello parecía más bien un velatorio, a juzgar por sus ánimos alicaídos.

—No me hagas adivinar quién era el velado. ¿Un cigarrillo?

—Con gusto, señor —acepta Honorio, y extrae uno de la pitillera real.

El rey le acerca la llama del mechero y enciende otro para sí.

—El caso —continúa Honorio, tras expulsar una bocanada de humo— es que andaban en deliberaciones sobre la mejor solución posible a una situación que consideran altamente preocupante.

—El mismo parecer me ha expresado Romanones en cuanto me ha visto. De una gravedad extrema, decía. Pero, en fin, ¿cuál es ese mensaje que te han pedido transmitirme?

—Me han dicho esos señores que si Vuestra Majestad, el Consejo de Ministros y el comité revolucionario lo aceptasen, se celebrarían el próximo 10 de mayo, en vez de las previstas elecciones provinciales, unas generales a Cortes Constituyentes, que presidiría el mismo Gobierno que acaba de acreditar pulquérrima e irreprochable su corrección electoral.

Más allá de lo oportuno y viable del planteamiento, el rey lamenta que una propuesta de semejante trascendencia haya tenido que ser alumbrada en un salón del Ritz y no en un Consejo de Ministros.

—Continúa.

—Abogan porque el nuevo régimen, fuere cual fuere, nazca allí y no en la calle, y que sea ante esas Cortes, y no ante un motín, donde Vuestra Majestad decline sus poderes cuando la consulta al país así lo requiera.

Honorio busca alguna reacción en el rey, pero este vuelve la vista hacia la plaza.

—Eso sí —añade—, han insistido en no dar un paso sin conocer antes el dictamen de Vuestra Majestad y, si este fuera favorable, recibir su expresa autorización para negociar con unos y otros.

—Y en el supuesto de que estuviera conforme con esa iniciativa, ¿han previsto por qué vía acercarse a los republicanos?

—Lo harían a través del marqués de Cañada Honda, por ser amigo común de mis hermanos Gabriel y Miguel. El marqués visitaría a Miguel para sondear al comité revolucionario.

El rey mira a Honorio al escuchar el nombre de Miguel.

—Dudo que tu hermano sea el interlocutor idóneo en el bando de los republicanos.

Rememora la última ocasión en que vio a Miguel Maura. Este le había solicitado audiencia a través de su hermano Gabriel, así que el rey lo recibió mientras se preparaba para bajar a la Casa de Campo a practicar el tiro de pichón. No puede decirse que diera a la reunión el carácter formal que su visitante probablemente esperaba.

—Vengo, señor, a despedirme de Vuestra Majestad —le dijo Miguel, nada más verlo.

—¿A dónde te marchas?

—Al campo republicano, señor.

—Estás loco. A ver, explícame eso.

Miguel llevaba meditadas sus palabras:

—Ningún futuro vislumbro a la monarquía tras su implicación con la dictadura de Primo de Rivera. El advenimiento de la república es inevitable. Varios monárquicos pasamos al bando republicano para defender una política conservadora y de orden en su seno, que no se despeñe a la izquierda.

El rey piensa que debió haber hecho algún esfuerzo para disuadirlo. No conocía lo suficiente a Miguel para juzgarlo un botarate, como algunos lo tachaban, pero le había llegado el rumor de que le profesaba animadversión por no haber acudido en auxilio de su suegro, el conde de Moral de Calatrava, cuando se vio este involucrado en la quiebra fraudulenta del Banco de Castilla. Sea como fuere, Miguel Maura se ha convertido en un prohombre entre los republicanos, gozosos estos de adherir a la causa antimonárquica un apellido tan ilustre como el suyo. Por eso, el rey se arrepiente de haberlo tratado con exceso de frivolidad durante el último diálogo que mantuvieron.

—Todo eso estaría muy bien si fuese cierta la primera premisa, pero no lo es —le había respondido Alfonso aquel día—. Mientras yo viva, la monarquía no corre ningún peligro. —Y mirando a Gabriel, que había asistido al encuentro, se permitió añadir—: *Après moi, le déluge.*

Gabriel sonrió complaciente. Miguel, no. Soslayó la bobería y dijo:

—No es esa la realidad captada en mis viajes por España ni en el contacto que, en mis conferencias, llevo establecido desde hace más de dos años con gentes de todas las clases sociales.

—Ah, ¿no? Entonces, dime, ¿cómo es esa realidad que has captado en tus conferencias?

—El ambiente que en todas partes he encontrado es hostil y, en el mejor caso, indiferente a la monarquía. Mucho me temo que antes de dos años se haya acabado la monarquía en España.

El rey no reprimió una carcajada. Le tendió la mano y lo despidió con estas palabras:

—Nada de eso. No tardarás en convencerte de que estás equivocado y volverás arrepentido.

Pero no, no había vuelto arrepentido. En lugar de ello, se había conjurado con los enemigos del régimen, republicanos, socialistas y separatistas, aunadas todas las fuerzas opositoras en el llamado pacto de San Sebastián, bajo un anhelo común: derrocar a la Corona. En el fondo, Miguel Maura no hacía sino seguir la senda marcada por Lerroux cuando dijo: «Los que de buena fe han servido a la monarquía no pueden aprobar la conducta del monarca. De hecho, el rey los ha licenciado, devolviéndoles su independencia, al prescindir de la Constitución. Después del golpe de Estado, la monarquía constitucional está muerta. En la tradición absolutista no había que pensar. Para la patria no queda otra solución que la república».

El rey sabe que trató a Miguel Maura con ligereza y un punto de descortesía durante aquella visita. En realidad, fue su forma de disimular la irritación insoportable que le causaba el comportamiento veleidoso de su interlocutor. Porque ese Maura que se abrazaba al republicanismo y declaraba su enemistad a la tiranía era el mismo que, en vida del dictador, había defendido sus aciertos ante un nutrido público en el Ateneo de Sevilla. «Un gobernante enorme», así calificó Miguel Maura al general Primo de Rivera, añadiendo que había ejercido la dictadura más elástica, sin hacer sangre, poniendo fin a la pesadilla de Marruecos y restableciendo la autoridad.

En su entrevista, el rey recurrió a la trivialidad para no echar a Maura con cajas destempladas. Porque ese Maura que justificaba su paso al republicanismo por juzgar ilegal que el monarca hubiera sostenido al dictador, era el mismo que, en 1929, vigente el régimen autócrata, declaraba: «Al rey se le presentó el 13 de septiembre de 1923 un poder público deshecho y un Ejército entonces unido, que reclamaba la gobernación del Estado, e hizo lo que debió. Hasta hoy ha sido impecable la conducta de la Corona; puede defenderla un estudiante de Derecho de primer año».

Y esa es la persona, medita Alfonso, con la que los bienintencionados señores del Ritz quieren explorar la vía del acuerdo.

—No acabo de ver la conveniencia de esa aproximación a los republicanos —dice el rey a Honorio, tras disipar sus pensamientos—. ¿No te parece que puedan tomarla como muestra de debilidad? Y si así fuera, ¿cómo habrá de reaccionar entonces el comité republicano?

—No sé qué decir. Es evidente que esa reunión con los revolucionarios entraña riesgos.

—Sin duda que los entraña. Después de ganar los ayuntamientos de casi todas las capitales, lo más seguro es que quieran concentrarse en las próximas elecciones provinciales. Por eso, no sé si es inteligente exhibir una actitud derrotista por nuestra parte. Puede que solo consigamos envalentonarlos y lanzarlos a tomar en las calles lo que está por decidir en las urnas.

Honorio acota su papel al de mero emisario. Si tiene alguna opinión, se la guarda para sí.

—Me gustaría acertar a decir algo que ayudase a Vuestra Majestad a decidirse, pero todo el mundo sabe que se me da mejor el teatro que la política.

El rey esboza un amago de sonrisa, aunque la preocupación vuelve pronto a su rostro.

—¿Qué opinión merece a Vuestra Majestad el fondo de la propuesta? —pregunta entonces Honorio—. Lo de aplazar las provinciales para convocar Cortes Constituyentes y esperar al resultado electoral y a lo que estas resuelvan.

—Ni siquiera la enjuicio. Se lo he dicho esta mañana al presidente del Consejo: yo no seré un obstáculo para el camino que se deba tomar. Aceptaría el fallo del pueblo en unas elecciones limpias a Cortes Constituyentes. Lo que no puedo hacer es entregar a mis enemigos la república en bandeja de plata. Debo defender lo que he heredado y me ha confirmado el país. Únicamente si el bien de la patria lo exigiera, si tuviera que salvar a España de una convulsión y de una catástrofe, me sacrificaría gustoso.

Honorio asiente.

—Entonces, ¿qué respuesta debo darles? —pregunta.

El rey se toma unos instantes antes de responder. Sus más leales consejeros han recelado de su tendencia a recibir visitas de personas que no forman parte del Gobierno y acordar con ellas, sin conocimiento del Consejo de Ministros, actuaciones propias de instancias oficiales. El caso que se le presenta no es una excepción.

—Tengo para mí que ese proyecto de transacción con los revolucionarios no hallará buena acogida —concluye, pasados unos segundos—. Tal vez, incluso tengamos que lamentar el efecto contrario al apaciguamiento que se persigue. Pero, en fin, que nadie diga que soy impedimento para explorar cualquier posible salida a esta crisis. Vuelve con tus mandantes y diles que no me opongo a su embajada.

CAPÍTULO 5

ULTIMÁTUM REVOLUCIONARIO

—¿Le ocurre algo, marqués? —inquiere De la Cierva al ver a Hoyos subir las escaleras—. Trae el rostro demudado.

El ministro de la Gobernación da muestras de estar sobrecogido.

—Es por lo que acabo de oír decir al presidente, abajo en la entrada —contesta, pálido como un difunto.

—¿Qué ha dicho Aznar?

—Los periodistas que aguardaban le han preguntado qué había de cierto en los rumores de crisis. No va a creer usted lo que ha respondido. Les dice: «¿Crisis? ¡Qué más crisis quieren ustedes que la de un pueblo que se acuesta monárquico y se levanta republicano!».

De la Cierva se queda atónito.

—No es posible que haya soltado semejante disparate —repone, con acento de incredulidad—. ¿No será que lo ha entendido usted mal?

—Le aseguro que esas han sido sus palabras exactas —responde Hoyos.

De la Cierva pasa la mano por su barba cana, pensativo.

—Solo un majadero cometería tal imprudencia. Una declaración de ese tenor correrá como la pólvora. ¿Cómo se le ocurre decir algo así?

En ese estado de estupor, ambos ministros acceden al salón de consejos del palacio de la Presidencia, adonde acaban de llegar los restantes miembros del Gobierno. Los saludos son fríos, protocolarios. Es el poder, no el afecto, lo que une a las más altas personalidades de los partidos dinásticos llamadas a defender el régimen en esa hora crítica de la historia.

El presidente toma asiento a la cabecera de la mesa mientras consulta su reloj de cadena. Son las cinco en punto de una tarde primaveral, en la que impera la normalidad en la calle. Aznar se inclina levemente hacia delante, con los codos apoyados en los reposabrazos del sillón y las manos entrelazadas, y dedica una rápida mirada a los asistentes. Se sientan a su derecha el conde de Romanones (ministro de Estado), el marqués de Hoyos (ministro de la Gobernación), el conde de Bugallal (ministro de Economía), el duque de Maura (ministro de Trabajo y Previsión) y José Gascón y Marín (ministro de Instrucción Pública), y tiene enfrente a Juan Ventosa (ministro de Hacienda). A su lado, a la izquierda, está el general Berenguer (ministro de la Guerra), al que siguen el marqués de Alhucemas (ministro de Gracia y Justicia), el almirante Rivera (ministro de la Marina) y Juan de la Cierva (ministro de Fomento).

Aznar abre la sesión con estas palabras:

—Imagino, señores, que les habrá sorprendido que haya reunido al Consejo en contra de lo acordado anoche, pero me ha parecido urgente conocer la opinión de los ministros sobre la situación. Además, el general Berenguer me ha expresado su deseo de mostrarles el telegrama que cursó anoche a las capitanías generales.

—No sé lo que convinieron los ministros en esa reunión a la que no fui invitado —recrimina el aludido.

—Disculpe, mi general —interrumpe Hoyos, en tono cortés—, pero he de aclararle que anoche acudieron a Gobernación los ministros que lo estimaron oportuno, sin mediar invitación ni preaviso a ninguno de ellos. Tampoco al general Sanjurjo, que vino por su propia voluntad a conocer los datos del escrutinio, sin que nadie lo convocase.

—Sea como fuere —continúa Berenguer, sin entrar en discusión sobre una cuestión menor—, esta mañana he comentado con el presidente que, en mi opinión, el Consejo debía reunirse a la mayor brevedad para examinar la situación y adoptar acuerdos, pues es indispensable dar instrucciones a las autoridades civiles y militares sobre su respectiva intervención para el mantenimiento del orden y garantizar las subsiguientes etapas electorales.

Hace una breve pausa a la espera de alguna reacción de los presentes, que permanecen en silencio, y añade a modo de justificación:

—Es evidente que esas autoridades no pueden seguir sin saber a qué atenerse ante las eventualidades que pudieran ocurrir y lo que correspondería hacer a cada una.

—¿A qué se refiere? —pregunta Romanones.

—A la posibilidad de que los revolucionarios ocasionen disturbios para impresionar a las multitudes y, así, dar más volumen al parcial éxito alcanzado ayer. Por eso, es imperioso que definamos con claridad nuestra posición como Gobierno respecto al plan electoral y al mantenimiento del orden público.

—Es lo acertado del razonamiento que acaba de expresar el general Berenguer el motivo por el que he decidido anticipar la convocatoria del Consejo —explica Aznar—. Dicho ello, y a no ser que alguno de ustedes desee añadir algo, entiendo que corresponde hablar primero al ministro de Estado.

Romanones saca una cuartilla del bolsillo de la chaqueta. Se ajusta los anteojos, reflexiona un instante y dice:

—Antes de exponerles mi criterio, he de referirme a la alocución del comité revolucionario, que acaba de hacerse pública y he podido conocer hace escasos minutos. Permitan ustedes que la lea en voz alta. Dice lo siguiente: «La representación de las fuerzas republicanas y socialistas coaligadas para una acción conjunta siente la ineludible necesidad de dirigirse a España para subrayar ante ella la trascendencia histórica de la jornada del domingo 12 de abril. Jamás se ha dado un acto en nuestro pasado comparado con el de este día, porque ni ha demostrado España tan fuerte emoción civil y entusiasta convencimiento, ni ha revelado con tanto vigor la digna firmeza que es capaz de desplegar en la defensa de sus ideales políticos. En la historia moderna de Europa hay actos civiles como el realizado por España el día 12, pero no hay uno que le supere.

»La votación de las capitales españolas y principales núcleos urbanos ha tenido el valor del plebiscito desfavorable a la monarquía, favorable a la república, y ha alcanzado, a su vez, las dimensiones de un veredicto de culpabilidad contra el titular supremo del poder. En la formación de estos juicios adversos han colaborado todas las clases sociales del país, todas las profesiones y aún ha quedado en la calle vibrando, pero sin poder acudir a las urnas, la admirable férvida adhesión a nuestras ideas de las juventudes españolas.

»Invocamos, pues, llegada esta hora, los supremos valores civiles a que rinden acatamiento en todo el pueblo culto las instituciones más altas del Estado, los órganos oficiales de gobierno y los Institutos armados; a todos es forzoso someterse a la voluntad nacional que en vano pretenderá desfigurarse con el silencio o el voto rural de los feudos. El 12 de abril ha quedado legalmente registrada la voz de la España viva y, si ya es notorio lo que ansía, no es menos evidente lo que rechaza; pero si por desventura para nuestra España, a la noble grandeza civil con que ella ha procedido no respondiesen adecuadamente quienes con violencia desempeñan o sirven funciones de gobiernos, nosotros declinamos ante el país la responsabilidad de cuanto inevitablemente habrá de acontecer, ya que, en nombre de esta España mayoritaria, anhelante y juvenil que circunstancialmente representamos, declaramos públicamente que hemos de actuar con energía y presteza, implantando la república».

Romanones dobla la hoja y la guarda en su bolsillo mientras concluye:

—El manifiesto que acabo de leerles viene firmado por los señores Niceto Alcalá-Zamora, Fernando de los Ríos, Santiago Casares Quiroga, Miguel Maura, Álvaro de Albornoz, Francisco Largo Caballero y Alejandro Lerroux.

—¡Es intolerable! —se apresura a protestar De la Cierva—. Anuncian la implantación de la república. No hace falta leer entre líneas lo que no guarda misterio: o se les entrega el poder o lo tomarán por la fuerza.

—Adviertan ustedes la manera tan torticera de magnificar el resultado de unas elecciones que ni por mayoría numérica ni por su carácter administrativo legitiman sus pretensiones —opina Bugallal, que comparte la indignación de De la Cierva—. Una burda añagaza para incitar a la violencia.

En mayor o menor grado, el manifiesto republicano merece la desaprobación de todos los ministros, pero hace especial mella en Gabriel Maura, que no esperaba un movimiento de esa naturaleza. Su amigo, el marqués de Cañada Honda, tenía instrucciones de reunirse con su hermano Miguel y encarecerle la necesidad de remitir la respuesta del comité revolucionario a la propuesta autorizada por el rey. Debían recibir esta antes de que terminase el Consejo de Ministros, aun cuando Cañada Honda hubiere de llevarla en persona al palacio de la Castellana, a fin de poder rendir a sus colegas cabal cuenta del asunto si este resultaba viable. Está claro que no lo es. No precisa ya la presencia del marqués en el palacio de la Presidencia para conocer la reacción del bando republicano, pues el manifiesto leído por Romanones constituye un ultimátum al rey y al Gobierno. El semblante de Maura se oscurece al constatar el fracaso de la negociación con los revolucionarios. No habrá elecciones a Cortes Constituyentes, ni el futuro del rey será sometido al designio del nuevo Parlamento. Si no marcha por su propio pie, y pronto, cualquier fatalidad podrá acontecer en el camino inexorable hacia la república.

Maura guarda silencio, decaído, mientras oye de fondo las quejas de los ministros conservadores. Teme que el intento de tregua con los revolucionarios impulse exhibiciones de fuerza en Madrid y en las provincias para atemorizar al Gobierno y forzar al rey a marcharse. Resuelve no informar del asunto a sus colegas de gabinete para no soliviantarlos por la gestión que ha acometido a sus espaldas, y que muchos de ellos no habrían de aprobar.

Las protestas van subiendo de tono. De la Cierva insta con vehemencia a resistir con todos los medios, y Maura decide entonces que ha llegado la hora de pronunciarse:

—Yo no lo veo así —dice, de repente. Consigue captar la atención de los ministros. Deja transcurrir unos segundos y agrega—: Para mí, el resultado electoral tiene carácter definitivo.

La frase lapidaria, casi herética para algunos de los asistentes, cae como una bomba sobre la mesa del Consejo y produce unos instantes de tensión contenida. Hay ministros que enrojecen, presa de impotencia, y los hay que se abaten en sus sillones al saberse vencidos. Todos sienten sobre sus hombros el peso de la responsabilidad, aunque no todos tienen el ánimo ni la disposición para soportar la carga hasta el final.

—No comparto en absoluto la tesis de que la monarquía haya sido derrotada en las elecciones de ayer —discrepa Bugallal.

—Pues, frente a lo que usted dice —replica Maura—, yo deseo manifestar que, después de la elección de ayer, me parece ilegítima la monarquía en España.

Las palabras de Maura prenden la mecha de la crispación y desatan airados reproches entre los representantes del sector conservador del Gobierno.

—Por favor, caballeros —implora el presidente, tratando de poner orden con llamamientos a la calma que nadie escucha.

—¡La monarquía debe ser defendida a toda costa, con el uso de la fuerza si es menester! —exclama Bugallal, lleno de rabia.

—Admitámoslo —rebate Maura—: la voluntad popular se ha expresado contra la monarquía, mejor dicho, contra el rey. Sería insensato oponerse a ella.

—Pero ¿de verdad cree que el rey debe irse a causa de unas elecciones municipales que ni siquiera se han perdido? —insiste Bugallal.

Responde Maura, encendido:

—Yo no encuentro decoroso, lícito ni aun hacedero que el rey se mantenga en el trono después de perder la confianza nacional. A los votos de la consulta de ayer, solemnemente acordada y legalmente practicada, no se puede contestar con sables, pistolas, fusiles y cañones.

Romanones eleva la voz para hacerse oír.

—Incluso suponiendo, y créanme que es mucho suponer, que el Gobierno cuente con medios para resistir, no debemos siquiera intentarlo —afirma—. La fuerza se puede y se debe emplear contra los hechos revolucionarios, pero se carece de fuerza moral para emplearla contra las manifestaciones del sufragio. El máuser es un arma inadecuada contra el voto.

—¿Es la rendición lo que propone?, ¿entregar al rey y la nación a los revolucionarios? —dice Bugallal.

—Por supuesto que no —rechaza Romanones, con desdén.

—Y ¿cuál es su propuesta sobre la manera en que debe proceder el Gobierno? —le pregunta el presidente, a media voz.

—Opino que debe declarar inmediatamente la crisis, presentando su dimisión en bloque y ofreciendo al rey facilidades para que adopte el camino que crea mejor.

De la Cierva no logra contener su irritación.

—¿Cómo puede sugerir semejante cosa? ¡Eso sería desertar! —exclama, escandalizado.

—¿Desertar, dice usted? —pregunta Romanones.

—Sí, desertar —insiste De la Cierva—. Lo que es tanto como dejar a Su Majestad abandonado a la algarabía revolucionaria en lugar de contenerla a toda costa.

Se dispone a replicar Romanones, pero se anticipa el ministro de la Gobernación:

—Señores —dice Hoyos—, reconozco que soy el ministro de menor representación política en esta mesa, pero ministro al fin y al cabo, y mi convicción, desde luego, coincide con la que ha expresado el conde de Bugallal sobre el resultado electoral. No puedo compartir la idea de que la monarquía haya sido derrotada ni admitir que se cuestione su legitimidad. Dicho ello, y para lo que a mis funciones compete, en mi opinión hay que adoptar medidas para mantener el orden público, más aún después de conocer ese manifiesto que adviene, bajo chantaje, la instauración de una república y que tendrá repercusiones en las calles.

—¿Cuáles serían esas medidas de orden? —pregunta Romanones.

—Si no se declara el estado de guerra o la suspensión de garantías —contesta Hoyos—, los revolucionarios no solo lo considerarán una prueba de debilidad y de incertidumbre del Gobierno, sino que, además, propagarán infundios y divulgarán noticias falsas para reforzar la labor de descrédito a la monarquía.

—Discrepo —dice Romanones—. La declaración del estado de guerra equivaldría a emplear la fuerza contra el resultado de las elecciones. Esa resolución puede acarrear consecuencias graves e irreparables que compliquen la situación.

—Bien —dice Hoyos—, pero convendrá conmigo en que al menos cabe suspender las garantías constitucionales en la medida precisa para impedir la propaganda de falsedades por medio del telégrafo, del teléfono, de las emisiones de radio o de las planas de los periódicos con comunicaciones entre las provincias y Madrid.

—El Consejo puede y debe tomar nota de lo que plantea el ministro de la Gobernación —Romanones no esconde cierto desaire—, pero lo apremiante ahora es que el Gobierno presente su dimisión total y que sea el rey quien solucione el problema político. En ese sentido, mi experiencia me ha enseñado lo difícil que es, en circunstancias como en las que nos encontramos y ante decisiones tan trascendentales, llegar a la correcta redacción de la nota que haya de ser entregada por el presidente al rey, y por eso la traigo ya preparada para someterla al Consejo.

—No se moleste usted en leerla —dice De la Cierva, con desprecio—, pues ya le adelanto que yo no dimito.

—Tampoco yo —secunda Bugallal.

—Yo he de reconocer que tengo dudas... —interviene el marqués de Alhucemas.

—Pero ¿podemos dudar en estos momentos en que hay que defender a todo trance la monarquía? —interrumpe De la Cierva, ceñudo.

El ministro Ventosa, sentado junto a él, responde con aire sombrío:

—Sí, pero hay que saber adónde vamos.

De la Cierva eleva la voz:

—¡Yo me opongo a que esa nota se presente al rey! —declara—. Yo no dimito ni autorizo al presidente para hablar en mi nombre. No tengo la voluntad de abandonar a Su Majestad en estos momentos, ni me parece que se le deba dejar solo frente a un problema que exige la unión estrecha de los monárquicos leales, que aprecien una institución esencial para la pervivencia de España.

—Saben ustedes que yo me considero dimitido desde que se denegó la destitución del general Mola como director general de Seguridad —tercia Gascón y Marín, en alusión a los disturbios sucedidos en la facultad de Medicina hace dos semanas, en los que el intercambio de disparos y pedradas entre la fuerza pública y los manifestantes se saldó con un muerto de cada bando y heridos varios, entre guardias civiles y paisanos—. Por ese motivo me sumo a la propuesta del ministro de Estado.

—Caballeros —prosigue De la Cierva—, les suplico tomen conciencia de su deber sagrado. Esta vacilación es suicida. En la hora más crítica de España desde el exilio de Isabel II, ¿de veras quieren ser recordados como los hombres que no fueron capaces de defender al rey?

El debate se alarga durante tres horas con dimes y diretes que evidencian la desunión del Gobierno. Unos se muestran partidarios de declarar la crisis y dar facilidades al rey para que resuelva la situación como estime conveniente, previa consulta de opiniones ajenas al Gobierno; otros rechazan la dimisión y abogan por convocar unas elecciones generales con prontitud, prescindiendo de las provinciales señaladas para el día 12 de mayo. La discusión se encona hasta alcanzar al fin un acuerdo de mínimos. Transan los ministros con aconsejar al rey que convoque cuanto antes elecciones generales tras consultar a otros elementos políticos, como los constitucionalistas, grupo que conspiró contra la dictadura y que reprocha al rey sus veleidades con Primo de Rivera. Esos que se hacen llamar «constitucionalistas» entienden que el monarca ha roto el pacto con el pueblo y no hay opción de que lo reanude sin contar con la voluntad de los españoles. El medio adecuado para conocer lo que desea la soberanía nacional son unas Cortes Constituyentes a las que se someta el problema del régimen y, por eso, defienden acatar la forma de gobierno que salga de ellas.

El presidente no llevará la dimisión, sino que explicará al monarca lo que cada cual ha expresado en el seno del Consejo.

—Señores, procedo a leerles el texto de la nota que hemos convenido —apunta Aznar, agotada ya la deliberación—. Dispone lo siguiente: «El Consejo de Ministros ha examinado el resultado de las elecciones municipales verificadas ayer. Aunque las elecciones municipales, por su naturaleza, han sido siempre de carácter administrativo, el Gobierno no desconoce que el hecho de ser las primeras celebradas desde el año 1923, los sucesos acaecidos desde aquella fecha y el espíritu que a este acto electoral imprimieron las propagandas preparatorias del mismo les han dado innegable carácter político.

»No se oculta al Gobierno —y a su sinceridad, demostrada en el periodo preliminar de la elección, le importa no desvirtuarlo— el alcance político de la resultante de estas elecciones. La afirmación expresivamente adversa a los partidos monárquicos pronunciada en muchas de las más importantes ciudades de España, aun cuando ella se halle contradicha y superada por el gran número de los que fuera de ellas han votado, induce al Gobierno a facilitar a Su Majestad el rey que pueda oír otras opiniones y a resolver con plena autoridad.

»Y al propio tiempo le obliga a aconsejar a este que, en el plazo más breve posible, ofrezca a la voluntad nacional ocasión de pronunciarse más segura y eficazmente en unas elecciones parlamentarias con todas las garantías legales para la expresión libre de la conciencia ciudadana».

Aznar alza la mirada para confirmar que todos los presentes se muestran de acuerdo.

—Al entregar esta nota a Su Majestad, le daré cuenta y razón de las impresiones que aquí se han expuesto esta tarde —dice.

—Pero dígale usted también que yo no estoy conforme con ellas —matiza De la Cierva, con el rostro contrito.

—Así lo haré.

Romanones se siente ofendido porque no han aceptado su fórmula. Acata la solución por no quedarle otro remedio, pero hace patente su descontento levantándose de la mesa sin esperar a que el presidente concluya la reunión. Cuando se dispone a ausentarse, es interpelado por Hoyos.

—Un momento —pide el ministro de la Gobernación—. Antes de separarnos, queda por tomar una decisión sobre mi propuesta de declarar, por de pronto, la suspensión de garantías y, en caso preciso, el estado de guerra.

Romanones, de pie, con la mano apoyada en la mesa, contesta en tono tajante:

—Todos los ministros tienen plena confianza en las decisiones del presidente. Creo que estaremos todos de acuerdo con que se deje a su juicio decidir sobre esas medidas, en los términos y en el momento que crea oportunos.

—Señor conde, me veo obligado a insistir en este punto —dice Hoyos—. Urge adoptar medidas que permitan garantizar el orden contra cualquier amenaza que se presente. Si no lo hacemos ahora, puede que lo lamentemos luego.

—Y yo le insisto en la confianza que para todo ello nos merece el presidente.

Hoyos se da por vencido. Por agotamiento, De la Cierva y Bugallal renuncian a plantear batalla. Ya han logrado evitar la dimisión en bloque pretendida por Romanones. Este, ante la falta de objeciones, se dirige rápido a la puerta y abandona el salón sin despedirse.

El general Berenguer, que apenas ha intervenido en el debate, pide la palabra a Aznar y dice:

—Lamento que el ministro de Estado se haya ausentado sin querer conocer el contenido del telegrama al que se ha referido el presidente al comienzo de la sesión, y que he cursado esta pasada madrugada a las autoridades militares a través del gabinete telegráfico de Guerra. Es del siguiente tenor: «Las elecciones municipales han tenido lugar en toda España con el resultado que por ocurrido en la propia región de V. E. puede suponer. El escrutinio señala hasta ahora la derrota de las candidaturas monárquicas en las principales capitales; en Madrid, Barcelona, Valencia, Sevilla, etc., se han perdido las elecciones.

»Esto determina una situación delicadísima que el Gobierno ha de considerar en cuanto posea los datos necesarios. En momentos de tal trascendencia no se le ocultará a V. E. la absoluta necesidad de proceder con la mayor serenidad por parte de todos, con el corazón puesto en los sagrados intereses de la patria, que el Ejército es llamado a garantizar siempre y en todo momento.

»Conserve V. E. estrecho contacto con todas las guarniciones de su región, recomendando a todos absoluta confianza en el mando, manteniendo a toda la disciplina y prestando la colaboración que se le pida al del orden público. Ello será garantía de que los destinos de la patria han de seguir, sin trastornos que la dañen interesadamente, el curso lógico que les imponga la suprema voluntad nacional».

Ese acatamiento a lo que haya de imponer la voluntad nacional chirría en los oídos de los ministros de la derecha.

—Esta circular ha merecido la aprobación del presidente esta mañana. —Berenguer lanza una mirada a Aznar, que asiente con la cabeza.

—¿Después de remitida? —pregunta Bugallal.

—¿Cómo dice?

—Pregunto, mi general, si no debería haber recabado la aprobación del presidente, o incluso la de este Consejo, con carácter previo a su envío, en vez de presentarnos el texto como un hecho consumado.

—En el ámbito de mis competencias como ministro de la Guerra, y en atención a las graves circunstancias, consideré urgente alertar al Ejército contra la violencia que algún sector quisiera provocar —responde el interpelado.

De la Cierva muestra su extrañeza.

—Falta algo que me parece debería haberse dicho —comenta.

—¿Qué es eso que echa usted en falta? —pregunta Berenguer.

—Que nada se diga con respecto al régimen.

—No lo consideré necesario.

—Tampoco del rey —añade De la Cierva.

—No es costumbre en estas circulares.

—Pues, dadas las circunstancias, tan graves como extraordinarias, podía usted haber prescindido, mi general, de la dichosa rutina —sentencia De la Cierva, a modo de reproche.

—A mí también me hubiera gustado poder decir algo de eso, pues mis sentimientos monárquicos y mi lealtad al rey así me lo hacían desear. —Berenguer no pierde la calma—. Pero esa iniciativa, en un contexto constitucional, corresponde de lleno al Gobierno, no al ministro de la Guerra, quien no puede abrogársela. Estoy dispuesto a transmitir al Ejército lo que el Consejo acuerde, ampliando el telegrama en la forma que se estime.

—No, mejor dejar las cosas como están —resuelve De la Cierva, exhausto—. Me hubiera gustado que se hubiese dicho algo de eso, pero está bien.

Sigue a estas palabras un silencio prolongado hasta que el presidente levanta la sesión, que se disuelve con pesimismo. Los ministros comienzan a dejar el palacio bajo el desaliento que impone la gravedad de la situación, sin atisbar la solución que los acontecimientos acabarían por precipitar.

A la salida, un reportero pregunta a De la Cierva:

—Señor ministro, ¿es cierta la abdicación del rey?

—¡Quién puede hablar de semejante disparate! —responde este, con firmeza, antes de entrar en el automóvil.

Lo que ignora el ministro es que el amago de armisticio con los revolucionarios ha traído el infortunio para los monárquicos, en forma de rumores del más diverso contenido sobre el porvenir del rey; rumores que, a esa temprana de la noche, se propagan entre la población civil y la milicia como las llamas de un incendio.

CAPÍTULO 6

ÚLTIMA NOCHE EN PALACIO

Mientras debaten los ministros del Gobierno, la revolución no se hace esperar. Tiene prisa y no hay tiempo que perder. «El rey abdica, se marcha esta misma noche fuera de España». Este es el rumor que circula por tabernas y fondas, en hoteles y pensiones, a la entrada de los teatros y en los comercios que cierran sus puertas a esa hora vespertina; llega a los obreros de las fábricas y a los despachos de los notarios. El infundio de la renuncia regia es inoculado con inteligencia en las calles y plazas de Madrid. Crece por momentos, pasa de boca en boca y hasta penetra en el interior de los cuarteles con efecto disolvente. Los periódicos de la noche, libres de toda censura, ensalzan la victoria de la coalición frente a los aspirantes monárquicos, y surgen en cada esquina oradores improvisados que anuncian a viva voz el desvanecimiento de la Corona y el alumbramiento inminente de la república. El día declina bajo el signo del desconcierto, la curiosidad de los vecinos, el vocerío atronador de quienes claman con impaciencia el nuevo régimen y una marea de banderas rojas y enseñas tricolores que ondea insurrecta en los parques y las avenidas de la capital.

Brotan algaradas y disturbios. Una manifestación se encamina hacia el Palacio Real, si bien las fuerzas de seguridad detienen su avance en las calles Arenal y Mayor. Al tiempo, un grupo de agitadores se concentra en Recoletos con la intención de asaltar la Presidencia del Gobierno, en la Castellana. La Guardia Civil interviene con disparos, que dejan entre los manifestantes dos muertos y varios heridos de diversa gravedad. Por la calle Alcalá discurren camarillas de hombres en estado de agitación, lanzando cánticos subversivos y consignas injuriosas contra el rey, pero, en ese lugar, los agentes se miran entre sí, titubeantes, y al final los dejan hacer.

La Puerta del Sol digiere a las masas ante la indiferencia de los guardias, que observan impasibles, sin amago de cargar. La plaza anochece con una muchedumbre congregada frente al edificio de la Gobernación, sus ánimos enardecidos por la sensación de triunfo, que expresan a pleno pulmón. Cantan *La Marsellesa* y corean el «un, dos, tres, muera Berenguer». Se exhiben carteles con los rostros de los capitanes Fermín Galán y Ángel García Hernández, los sublevados de Jaca fusilados cuatro meses atrás, y hay quien se pasea con un enorme letrero que reza: «No me voy; es que me echan».

Asomado a la ventana de su despacho, el marqués de Hoyos constata, asombrado, la pasividad deliberada de la fuerza gubernativa, que rehúsa despejar la plaza, cuando pudo haber cumplido la orden con escasa violencia ante los primeros brotes de perturbación. Cualquier revuelta es fácil de abortar en sus inicios; después, si se deja crecer, aumentan las dificultades para sofocarla.

Hoyos conoce, por el director general de Seguridad, que una riada humana desborda el centro de Madrid exigiendo al unísono la proclamación de la república. El ministro da instrucciones para defender la legalidad. El general Mola refuerza la protección del Palacio Real con una sección de guardias y ordena cerrar los accesos a la plaza de Oriente, donde el capitán general militar despliega un escuadrón de húsares. Retenes del Ejército toman posiciones en varios puntos de la ciudad, y unidades de la Guardia Civil llegan en camiones hasta el cuartel de Bellas Artes, en la Castellana, y se ubican en la plaza de Colón y en Cibeles, frente al Banco de España y el palacio de Comunicaciones. Sin embargo, tras haber visto la dejación de los guardias en la Puerta del Sol, Hoyos alberga dudas sobre la capacidad del Gobierno para hacer respetar el orden. Si el Consejo celebrado esa misma tarde hubiera declarado el estado de guerra, lamenta, tal vez se habría podido evitar la propagación de disturbios. Pide con insistencia que lo comuniquen con Aznar, pero no consigue que se ponga al aparato. Por lo visto, el presidente acostumbra a irse a dormir temprano.

Aislado en palacio, el rey ignora la apoteosis popular desatada en las calles de Madrid para alzar a la república sobre la monarquía. Se halla tranquilo en su gabinete en la compañía del doctor Florestán Aguilar, odontólogo de la familia real, cuya amistad tiene entre sus preferentes. Aguilar es un médico entrado en años que atesora un prestigio sobresaliente en la comunidad científica y la sociedad madrileña; un hombre afable, de opinión guiada por la prudencia, que siente gran afecto por el soberano, quien lo honró con el título de vizconde de la Casa Aguilar.

El rey sostiene una copa de coñac en la mano y un cigarrillo entre los dedos. Recostado en la butaca, con su interlocutor sentado frente a él, conversa sobre la incertidumbre que han traído las elecciones. Coge un ejemplar de *El Debate* y lee en voz alta:

—«Sería pueril negarle gravedad a la jornada de ayer. La tiene, y muy grande. No recordamos otra parecida. Cierto que no hay en España una mayoría de concejales republicanos, pero cierto también que la hay en casi todas las grandes capitales de la nación. Y esto quiere decir que un sector enorme de la opinión española se pronunció ayer en contra de la monarquía. Votó contra esta una parte crecidísima del pueblo, buena parte de la clase media y unos elementos pertenecientes a las clases elevadas. Volvemos a repetir que el acontecimiento ha de influir en nuestra política. Y añadiremos que de un modo radical, sin que al hablar así pensemos en resoluciones extremas».

El rey dobla el periódico y lo deja sobre la mesa.

—No quiero hacerme ilusiones respecto al significado y trascendencia de la votación de ayer, que ha de aceptarse como la consecuencia de un plebiscito —dice, con serenidad—. Pero bien sabemos que el pueblo es muy excitable, y a estas elecciones tampoco debe dárseles más alcance que el de la expresión del momento.

—¿Y qué opinan los ministros? —pregunta Aguilar.

—Sé que la sesión del Consejo se ha adelantado a esta tarde, pero no tengo noticia de cuál ha sido su resultado —responde el rey. Tras echar un vistazo al reloj que descansa sobre la repisa de la chimenea, agrega—: Es probable que sigan deliberando.

—Los ministros acumulan años de experiencia. Habrá que confiarse a su buen juicio.

—Pues, no muy juiciosa me ha parecido la declaración del presidente a la prensa cuando entraba en el Consejo, eso de que España se acuesta monárquica y se levanta republicana.

—¿De verdad ha dicho tal impertinencia?

—Así me lo han contado —contesta el rey, encogiéndose de hombros.

—Pero el número de concejales monárquicos no avala esa afirmación; más bien supone lo contrario.

—Cierto.

—Además —prosigue Aguilar—, aunque se diga que estas elecciones no iban sobre adoquines o farolas, tampoco parece razonable que el destino de la Corona se deba decidir en una votación a concejales.

El rey cruza las piernas y da unos golpecitos al cigarrillo para arrojar la ceniza sobre un cenicero que tiene a su lado.

—Unas elecciones municipales, incluso por perdidas que se den las capitales de provincia, no pueden cambiar un régimen establecido. En todo caso, ello sería facultad exclusiva de unas Cortes Constituyentes. Solo de ese modo puede saberse con certeza si la mayoría de los españoles están por la monarquía o por la república —afirma.

—Puede que sea eso lo que el Gobierno proponga a Vuestra Majestad.

—Es lo que pienso que hará —secunda el rey, reflexivo—. Seguramente, una rápida convocatoria a Cortes Constituyentes solucione el conflicto. Hasta que eso ocurra, conviene no perder la confianza.

—Eso es lo último, señor.

—No me interpretes mal, Florestán. Yo también estimo grave la situación, solo que pienso que aún cabe intentar otras soluciones. Sin duda, es este un momento hostil, pero a la postre derivará en calma.

El rey apura la copa, se incorpora para dejarla sobre la mesa y vuelve a desplomarse en la butaca con expresión de cansancio.

—La verdad, amigo mío, y a ti puedo confesarlo, es que siento hartazgo de todo —dice.

—Es comprensible —repone Aguilar—. El pueblo español es presa fácil de la demagogia y le cuesta poco inclinarse del lado de la ingratitud. Estos últimos meses se han vertido tantos improperios sobre Vuestra Majestad que hasta el más insensible tendría el ánimo abatido.

—De todas las faltas que me atribuyen los enemigos de la Corona, y que desde luego no he cometido, ¿sabes cuál es la que encuentro más injusta?

Aguilar niega con la cabeza.

—Que me tachen de perjuro —desvela el rey—. Perjuro, yo, que acaso lo único de lo que he de arrepentirme es de haber observado escrupulosamente los artículos de la Constitución. Si hubiera dejado de ser un rey constitucional para ser un rey a secas, es posible que se hubiera evitado el desastre de Annual y la posterior dictadura que impusieron las circunstancias.

—Mejor no hacer caso a mentecatos. Tienen la memoria corta y la lengua larga.

—Acepté la dictadura de Primo de Rivera cuando ya era un hecho consumado. —Prosigue el rey su relato con mirada errante—. Y lo hice convencido de que ese era el deseo de la patria. Los que ahora me acusan de haber traicionado al país fueron los mismos que pidieron a gritos la dictadura y la recibieron con entusiasmo. Sí, lo admito: sustituí un gobierno constitucional por una dictadura, pero fue porque la opinión pública lo solicitaba. ¿Es que ya nos hemos olvidado del caos en que estaba sumida España?

—Es cierto —corrobora Aguilar—. La situación era insostenible.

—¿Insostenible? Eso es quedarse corto. Pistolerismo, huelgas revolucionarias, anarquía e inseguridad; la tragedia de Marruecos y una situación económica que bordeaba la ruina. El país estaba desamparado por sus gobernantes, y por eso la mayoría de los españoles acogieron con júbilo a Primo de Rivera.

Hay unos instantes de silencio.

—¿Cómo está el príncipe? —Aguilar cambia el rumbo de la conversación.

Al oír la pregunta, que le despierta un enorme pesar, el rey baja la cabeza.

—No era mi intención… —se apresura a rectificar Aguilar, apurado al notar la tribulación del monarca.

Este lo excusa levantando una mano.

—No te preocupes —interrumpe—. No has dicho ninguna inconveniencia. Sé que tu intención es recta.

Alza la mirada para pedir a un sirviente que rellene su copa y la del invitado.

—La verdad es que está muy enfermo —responde, compungido—. No se le debe mover de su habitación.

—¿Tan mal se encuentra?

—No es capaz de levantarse ni de mantenerse en pie, mucho menos de andar.

—Un nuevo ataque de hemofilia, imagino.

El rey asiente.

—El domingo volvió a rastras de esa estúpida cacería —dice—. El retroceso de la escopeta le ha dejado el hombro monstruosamente hinchado y tumefacto por la hemorragia interna. El pobre se retuerce de dolor.

La aflicción se hace patente en el semblante del rey. Puede soportar desafectos y deserciones, intrigas palaciegas y juegos políticos, cualquier contrariedad terrenal que su posición le imponga, pero nada hay comparable a la desazón que le atenaza el alma por la afección del príncipe. Sabe el monarca que no hay rango, corona ni castillo que preserve al hombre de la fatalidad. Y así como un padre se marchita ante la enfermedad de un hijo, qué decir tiene cuando, además, es rey y el desahuciado, su heredero.

—¿Qué dice el doctor Elósegui? —pregunta Aguilar.

—Le ha hecho una transfusión de sangre. Ahora recomienda reposo.

Aguilar busca en balde alguna palabra de consuelo que anime los ojos del soberano.

—Lo he pensado tantas veces —se anticipa el rey, a media voz—. Si las cosas hubieran sido diferentes... Si el Príncipe de Asturias gozara de salud para asumir la empresa que la historia le reservaba, si no pesara sobre él la amenaza de la hemofilia, quizás ahora...

La frase queda inacabada, pero llena de significado.

—Me hago cargo de la preocupación de Vuestra Majestad y puedo suponer lo doloroso que debe de resultar también para la reina.

—La reina ha pasado por mucho y bien sabes de su fortaleza. Siempre se sobrepone a sus pesares. Pero ahora mismo es la viva imagen del pesimismo. Llora con amargura durante horas.

—Lamento mucho oír eso.

—Vive apegada a sus obsesiones. Dice que no entiende a España, que tengo a muchos enemigos como consejeros y que, en la calle, la policía detiene a los universitarios que gritan: «¡Viva el Rey!» y dejan campar a sus anchas a los que vitorean: «¡Viva la república!». Se queja de que consiento que la prensa me ataque y difame como nunca había ocurrido. ¿Sabes qué le dijo a Cambó cuando se vieron en Londres?

Aguilar niega una vez más con la cabeza.

—Pues, que a poco que esto prosiga, se dará el caso de que, así como antes solo hablaban mal de mí quienes me conocen, pronto lo hará todo el mundo.

El rey esboza una sonrisa condescendiente.

—Hace unas semanas —continúa, y la seriedad vuelve a su rostro—, le comentó al general Mola que le inquietaba la propaganda de la revolución rusa que se hace en el cine.

—Quizás albergue el temor de que algo parecido a lo que pasó allí pueda ocurrir en España.

—Sí, estoy seguro de que, en su fuero interno, ese es su miedo. Por muchos años que transcurran, dudo que yo llegue a olvidar su expresión de terror cuando supo que los bolcheviques habían asesinado al zar y a su familia en el sótano de aquella casa. Al enterarse de la tragedia, me hizo jurarle que nunca permitiría que nos pasara algo así.

—Por mal que estén las cosas, estoy convencido de que ese día no habrá de llegar —concluye el odontólogo.

Tras despedirse de su invitado, el rey ve una película que lo mantiene despierto hasta entrada la medianoche. Continúa esperando a que el presidente lo informe de los acuerdos del Consejo, pero la llamada no se produce. Entretanto, llega al gabinete telegráfico de palacio la noticia de disturbios frente al Ministerio de la Guerra y en la Puerta del Sol. El rey ordena que lo pasen con el general Berenguer.

—General, me dicen que están tiroteando el ministerio.

—No es correcto, señor —señala Berenguer—. Ha habido en las inmediaciones un encontronazo entre una patrulla de la Guardia Civil y un grupo de alborotadores, pero el incidente ha quedado disuelto con un tiroteo al aire.

—¿Y en la Puerta del Sol? ¿No hay allí graves desórdenes?

—El general Mola, con quien acabo de hablar, me ha confirmado ese dato, pero señala también que a esta hora los manifestantes empiezan a dispersarse.

—¿Se ha permitido la protesta?

—El general Mola dice que las fuerzas no intervienen para evitar complicaciones.

La respuesta de Berenguer sorprende al rey y enciende una señal de alarma en su interior.

—Ya que estamos, ¿cómo ha ido el Consejo de hoy? —pregunta.

El general se muestra sorprendido.

—¿El presidente no ha informado a Vuestra Majestad?

—De haberlo hecho él, no te preguntaría yo.

Berenguer daba por sentado que Aznar acudiría directamente al Palacio Real tras terminar la sesión, para comunicar al monarca la postura adoptada por los ministros y entregarle la nota que habían consensuado. No alcanza a comprender qué motivo, si es que lo hay, puede haberlo llevado a demorar una diligencia tan urgente como elemental en el trance que vive el país.

—Señor, es preferible no mantener esta conversación por teléfono. No hablamos por hilo directo, y tampoco es de garantía hacerlo mediante comunicación ordinaria.

Con estas palabras, elude la respuesta que compete ofrecer al presidente.

El rey no insiste. Se despide de Berenguer y cuelga el auricular.

Se retira a su dormitorio sin dejar de pensar en lo que ha dicho el general sobre la inacción de las fuerzas de seguridad para evitar complicaciones. Se pregunta si no se ha cumplido la orden de impedir alteraciones o si, por el contrario, los responsables políticos han preferido no darla, por temor a la desobediencia del Ejército y la fuerza pública.

Pese a su aspecto sereno, el rey se acuesta ahogado en tormentos interiores. No sospecha que el desenlace inminente de los acontecimientos hará de esta su última noche en palacio

Martes, 14 de abril de 1931

CAPÍTULO 7

NOTICIAS ALARMANTES

No ha salido el sol cuando el rey camina a paso ligero por el corredor que comunica sus dependencias particulares con el despacho oficial. Viste de traje oscuro, la corbata anudada sobre un pasador dorado sujeto a los cuellos de la camisa y un pañuelo de seda que asoma por encima del bolsillo de la americana. No acusa el hambre; ha prescindido del desayuno igual que anoche hizo con la cena. Las facciones de su cara parecen haber menguado: se estrechan en torno a su nariz afilada y esa barbilla prominente tan propia de los Habsburgo. La delgadez le da un aire avejentado. Se aprecian bajo los ojos abultadas bolsas grises, y unas arrugas surcan sus mejillas.

Su decaimiento físico no es cosa de un día, sino que arranca con la muerte de su madre, dos años atrás. La ausencia de la reina María Cristina agudizó su tragedia íntima y lo sumió en una profunda depresión de la que no consigue reponerse. Se le resiente desde entonces el apetito, y en su estado de ánimo predominan la melancolía y la tristeza. En su semblante se vislumbra una mezcla de turbación y apatía frente a situaciones que exigen su regia resolución.

Desde joven tiene el hábito de levantarse temprano. Dormir no es cosa de reyes, menos aún en tiempos convulsos. Hoy

97

se ha despertado con el ánimo elevado, pero siente punzadas de inquietud ante la falta de noticias sobre lo que acordaron los ministros en la sesión de ayer.

A la entrada del despacho, enfundado en su uniforme de infantería, aguarda el coronel Martín Alonso, quien inclina la cabeza y da un sonoro taconazo al llegar el rey. El oficial le comunica que el gabinete de la Presidencia ha solicitado que reciba en audiencia al almirante Aznar a las diez de la mañana.

«Ya era hora», se dice el rey, mientras toma asiento frente a su escritorio, que reúne las ediciones matinales de los diarios.

—¿Alguna novedad? —pregunta, desenfadado, echando un vistazo a los titulares de las portadas.

—El centro de Madrid recuperó la normalidad en torno a las dos de la madrugada —informa el coronel—. Sin embargo, a esta hora, grupos de agitadores empiezan a congregarse en la Puerta del Sol.

—Madrugan los activistas de la revolución. —El rey continúa con la vista puesta en la prensa, sin dar muestras de preocupación—. ¿Y qué hacen allí?

—Profieren gritos contra la vida de Vuestra Majestad y a favor de la república.

El rey enarca una ceja mientras dobla un periódico.

—Hablaré por teléfono con el ministro de la Gobernación —dice, sereno.

El coronel se dispone a añadir algo, pero finalmente guarda silencio. El rey cree conocerlo bien, después de tres años de servicio de Martín Alonso como ayudante de órdenes. Sabe leer en su rostro, y no se le escapa el gesto de duda que pasa fugaz por él.

—¿Ocurre algo? —pregunta.

El coronel resuelve hablar:

—Verá, señor. Hace unos minutos he coincidido con el inspector general de palacio. Dice percibir nerviosismo en la corte. Muchos se preguntan qué va a pasar aquí.

—Que no se preocupen —repone el rey. Se hace con otro ejemplar—. No va a pasar nada. Iremos a unas elecciones a diputados con la mayor celeridad, para disipar el mal efecto de estas.

El coronel se da por enterado, sin insistir. Abandona la estancia para gestionar la llamada al marqués de Hoyos y reaparece unos minutos después.

—Señor, no conseguimos localizar al ministro de la Gobernación, pero tenemos hilo directo con el subsecretario, don Mariano Marfil, que se encuentra en el ministerio.

—Está bien. Hablaré con él.

El rey descuelga el aparato.

—Mariano, ¿es muy nutrida la manifestación de la Puerta del Sol? —pregunta.

—Todavía no, señor, aunque crece por momentos.

—¿Y qué gritan?

—Señor, gritan de todo.

—¿Es verdad que gritan «muera el rey»?

—No es posible saber exactamente lo que dicen, desde aquí no se oye bien.

—Bueno. Pues, tienen que cesar esas manifestaciones en seguida. Me importa mucho que en el día de hoy no haya tumultos. Mañana ya será otra cosa. Dile, de mi parte, al capitán de guardia que salga con sus hombres a la Puerta del Sol y, sin violencia, despeje. Repito que hoy no quiero escándalos en la calle.

—Está bien, señor.

El rey concluye la llamada cuando un sirviente se acerca al coronel y le entrega una nota.

—Señor —expone Martín Alonso, tras leerla—, me informan de que el vizconde de Casa Aguilar se encuentra en la antecámara. Solicita ser recibido por Vuestra Majestad lo antes posible. Dice que el asunto que lo trae a palacio no puede esperar.

El rey frunce el ceño, extrañado por esa visita inesperada y a hora tan temprana. Ordena que lo hagan pasar.

Aguilar entra en el gabinete a pasos acelerados. Se aprecian en él signos de intranquilidad. Está pálido, con las facciones desencajadas. Lleva el mismo traje de anoche y una barba incipiente que el rey no le había visto antes.

—Florestán, ¿acaso te has caído de la cama?

—Gracias por atenderme, señor —se apresura a decir, visiblemente alterado—. Lamento mucho turbar su placidez de buena mañana, pero la importancia del asunto lo requiere.

—¿Qué es eso que te trae tan pronto por aquí?

—Una singular encomienda que me ha llegado de improviso, señor.

—A ver, siéntate y explícate. ¿Un pitillo?

Aguilar declina el ofrecimiento y, resoplando, se deja caer sobre una butaca junto a la chimenea. El rey se sienta frente a él y enciende el primer cigarrillo del día.

El vizconde espera a que el coronel abandone el despacho. Entonces, dice:

—Anoche, tras salir de palacio, acudí al domicilio de mi buen amigo el conde de Gimeno, que me había invitado a cenar. Durante el encuentro, le comenté que había visto a Vuestra Majestad esperanzado con alcanzar alguna suerte de solución que devuelva las cosas a la normalidad.

—Tu impresión es atinada. Es justo lo que sigo pensando, por más que los haya empeñados en subvertir el orden a toda costa. ¿Sabes que ya hay disturbios en el centro?

—Vengo de la Castellana y, de camino, no he visto nada fuera de lo normal.

—Los hay en la Puerta del Sol. En fin, da lo mismo. Continúa.

—El caso —prosigue Aguilar— es que el conde, de madrugada, ha llamado por teléfono a mi casa, urgiendo a que me despertaran. Tan grave era su tono que mi sirviente ha considerado oportuno sacarme de la cama, creyendo que había sucedido alguna desgracia.

—Bueno, ¿y qué era eso que se le antojaba tan importante a Gimeno?

—Me dijo que había participado al conde de Romanones lo que yo le comenté ayer por la noche, sobre el optimismo de Vuestra Majestad.

El rey asiente con la cabeza.

—Me consta que hay amistad entre los dos condes —dice.

—Lo raro es que don Álvaro, al escuchar esas palabras de su amigo, el conde de Gimeno, le ha rogado a este que me convocara con la mayor premura en su domicilio.

—Entiendo. ¿Y te has visto entonces con Romanones?

—Me he vestido aprisa y corriendo y he salido hacia su casa sin perder un segundo. Ahora mismo vengo de allí.

El rey nota la turbación de su interlocutor, que saca un pañuelo y se enjuga unas gotas de sudor en la frente.

—¿Qué era lo que quería?

—Debo decir que, nada más verlo, he percibido en el conde una gran excitación. Parecía fuera de sí. Andaba muy agitado de un lado a otro, golpeando el suelo con su bastón a cada paso, haciendo aspavientos y hablando con tono crispado.

—Pero ¿para qué te ha hecho llamar?

—Quería advertirme de que la vida de Vuestra Majestad puede correr serio peligro si no se procede con rapidez —responde Aguilar, con voz entrecortada.

El rey esboza una mueca de extrañeza.

—¿A qué clase de peligro se ha referido?

—Tiene el convencimiento de que se ha de desatar una ola de violencia en las calles, que el Gobierno no va a tener ánimo ni capacidad de detener.

—Ayer se expresó Romanones en términos derrotistas, pero no fue tan lejos. Y esa certeza, ¿te ha dicho en qué la funda?

—Verá, don Álvaro me ha apremiado a comparecer ante Vuestra Majestad para transmitiros personalmente unas palabras que, dada la relevancia del emisor y la significancia del mensaje, he preferido poner por escrito. —Extrae del bolsillo de la chaqueta un papel con unas frases manuscritas, y añade—: Las traigo aquí. ¿Me permite leerlas?

—Adelante.

Aguilar se coloca unas gafas sobre la punta de la nariz, alza la vista por encima de las lentes y dice:

—Esto es lo que he anotado para trasladar fidedignamente las palabras del conde. —Vuelve los ojos al papel y lee—: «Los sucesos de esta madrugada hacen temer a los ministros que la actitud de los republicanos pueda encontrar adhesiones en elementos del Ejército y la fuerza pública que se nieguen en momentos de revuelta a emplear las armas contra los perturbadores, se unan a ellos y se conviertan en sangrientos los sucesos. Para evitarlo, en opinión del citado ministro, podría Vuestra Majestad reunir hoy el Consejo para que cada cual tenga la responsabilidad de sus actos, y el mismo reciba la renuncia del rey para hacer ordenadamente la transmisión de poderes. Así, se haría en su día posible la pronta vuelta a España del rey, por clamoroso llamamiento de todos».

El monarca reflexiona mientras escucha a Aguilar. Disimula a duras penas su estupefacción por el curioso proceder de Romanones.

—Deseo añadir que solo como servidor de Vuestra Majestad cumplo el encargo de la urgente comunicación de las anteriores palabras —dice Aguilar, como quien se libera de una pesada carga.

—Si no interpreto mal, lo que pide Romanones no es otra cosa que mi renuncia y mi partida de España, por intuir en ciernes una revolución sangrienta que no pueda ser contenida.

Aguilar guarda las gafas y asiente con la cabeza.

—Cree que Vuestra Majestad no puede concebir el cambio que se está operando en España y que, si no actúa según él sugiere, se verá arrollado a un abismo del que ningún soberano regresa.

—Pero me llama la atención que plantee una transmisión de poderes; ordenada, dice, sin precisar, sin embargo, a favor de quién debe hacerse.

—Si de mí dependiera, señor, aún seguiría en la cama. No pretendía ser el emisario de un mensaje tan... digamos que tan delicado y que tanto desasosiego me causa. Si he aceptado esa función es por la insistencia de don Álvaro y por mi sentido de la lealtad hacia Vuestra Majestad. A partir de ahí, lo que acabo de exponer es todo lo que sé y lo único que puedo decir.

—Me sorprende el procedimiento empleado por Romanones; pero, en fin, le avisaré por teléfono para que venga cuanto antes.

El rey se levanta y se acerca a su escritorio. Descuelga el auricular y, al habla con el coronel Martín Alonso, ordena convocar a Romanones a palacio. Pide también que cite a los demás ministros, pero no en Consejo, sino en despacho extraordinario, que acudan repartidos a lo largo de la mañana. Tiene intención de intercambiar impresiones con todos ellos.

En ese momento, le dice el coronel:

—Acabamos de conocer que ha habido alteraciones del orden en algunas provincias.

—¿Dónde?

—El gobernador de Pontevedra informa de que en Vigo se han registrado incidentes, pero que la fuerza pública ha logrado dominar a los sediciosos y sofocar la revuelta. Las cosas en Éibar parecen revestir mayor gravedad.

—¿Qué ha pasado allí?

—Han izado una bandera republicana en el ayuntamiento, y desde el balcón han proclamado el nacimiento de la república. Por lo visto, durante la noche se ha extendido el rumor de que Vuestra Majestad se había exiliado.

Se hace un prolongado silencio. El rey teme que la onda expansiva de un acontecimiento de tal envergadura no tarde en alcanzar a otras localidades.

—¿Qué dice el gobernador de Guipúzcoa? —pregunta.

—No es posible contactar con él por teléfono ni a través del telégrafo. Las comunicaciones con San Sebastián están cortadas. La información sobre lo sucedido en Éibar ha llegado por vía del gobernador de Vizcaya.

—¿Y qué hay de la Guardia Civil?

—En el municipio hay un puesto con unos veinte hombres que se han refugiado en la casa cuartel. El general Mola les ha ordenado permanecer allí ante la imposibilidad de dominar la revuelta y por considerar, según dice, que podría ser peor el remedio que la enfermedad.

El rey cuelga el teléfono sin reponerse del impacto que le produce la noticia. Aguilar se mantiene en pie frente al escritorio, con la nota de Romanones en la mano. Alfonso se dispone a decirle algo, cuando llaman a la puerta.

—Señor, el subsecretario de la Gobernación está al aparato —anuncia un sirviente.

El rey coge de nuevo el teléfono.

—¿Mariano?

—Señor, me dice el capitán de guardia que, por obedecer sus órdenes, está dispuesto a salir él solo a la Puerta del Sol para que las turbas lo despedacen si quieren. Pero no puede ordenar a la fuerza que salga, porque no le obedecerían los guardias.

El monarca cree haber entendido mal.

—Repite por favor lo que acabas de decirme.

El subsecretario reitera lo dicho.

El más absoluto silencio se apodera de la estancia durante unos instantes. El rey mira a Aguilar con expresión desconcertada mientras piensa en el profundo sentido que acaba de cobrar el aviso de Romanones acerca del riesgo de amotinamiento.

—Es lo que me quedaba por saber. Gracias, Mariano.

CAPÍTULO 8

CONSULTAS

El presidente, de nuevo, sentado frente al rey cuando el reloj marca las diez en punto de la mañana. Alza la vista y contempla en silencio el retrato de la infanta Beatriz que cuelga de la pared tras el monarca. Tal viveza expresan sus rasgos que hasta se siente observado por los ojos cálidos de la hermosa princesa. Permanece atento al cuadro al tiempo que extrae de su portafolio un escrito mecanografiado que deposita sobre la mesa. El rey aguarda paciente a que el presidente vuelva en sí y se decida a hablar, mientras piensa en cuánta razón tienen quienes dicen que, geográficamente, Aznar viene de Cartagena, pero políticamente procede de la luna.

La aparente calma del rey contrasta con el hervidero de preocupaciones que experimenta en su interior. El vaticinio derrotista de Romanones sobre la claudicación del Ejército ha hecho mella en su ánimo, pues nada hay más arraigado en su corazón que la milicia, institución de la que se siente parte y a la que tiene por modelo de disciplina y lealtad. Él, soldado y general, se resiste a creer las palabras que Aguilar le ha trasladado al punto de la mañana sobre la probable adhesión de las tropas al bando revolucionario. Sin embargo, la actitud de la fuerza pública en la Puerta del Sol, inclinada a la desobediencia, según ha advertido el capitán de guardia, siembra una duda que le corroe por dentro.

El viejo almirante vuelve los ojos al rey y, por fin, con el gesto fúnebre que lo acompaña allá donde va, habla:

—Vengo a rendir cuentas a Vuestra Majestad del Consejo de Ministros celebrado en la tarde de ayer.

El rey está a punto de reprocharle una tardanza que estima injustificada, pero se contiene y reserva su crítica para más adelante.

—¿Se ha declarado la crisis? —opta por preguntar.

—No, señor; al menos, no todavía —responde el presidente.

—¿Entonces?

—Hubo un amplio intercambio de pareceres sobre el resultado de la votación del domingo. Mientras que algunos ministros sostuvieron que no se le podía conceder a este un alcance definitivo, puesto que se trata de unas elecciones municipales que, por su propio carácter, carecen de entidad para propiciar un cambio de régimen, otros, por el contrario, adujeron que el Gobierno había quedado desprovisto de autoridad y expresaron su renuencia a continuar en sus funciones.

—Entiendo. —El rey asiente mientras yergue la espalda en la silla y junta las manos sobre el cartapacio del escritorio—. Y a la vista de las impresiones tan divergentes manifestadas por los ministros, ¿qué solución plantearon unos y otros?

Aznar, con el pulso tembloroso, coge la taza de café que le ha servido un mayordomo. Da un pequeño sorbo y dice:

—El primer grupo de ministros al que me he referido defendió la continuidad del Consejo tal como está, o con las modificaciones inevitables para celebrar unas elecciones constituyentes a breve plazo, sin descartar incluso que pueda formarse un nuevo Gobierno provisional que gestione esas elecciones.

—¿Y qué hay de los otros?

—Abogaron por declarar la crisis, de tal modo que Vuestra Majestad pueda consultar opiniones ajenas al Gobierno y resolver esta situación como juzgue más conveniente.

—Imagino que con esas otras opiniones se refieren a los constitucionalistas.

—En efecto, señor. Algunos de estos ministros estarían dispuestos a valorar su continuidad en el Gobierno con la condición de que se negocie, con los representantes de otros sectores monárquicos, una tregua y la aceptación de que las elecciones parlamentarias las presida el Gobierno en funciones, ya sea el actual o el que se cree con esa finalidad.

El rey ve dificultades en lograr el apoyo de esos políticos que se dicen constitucionalistas, pese a que estos vienen exigiendo la convocatoria de unas Cortes Constituyentes. No ha pasado mucho desde la última vez que apostó por ellos. Tras la caída del gabinete de Berenguer, el rey encargó formar gobierno al veterano Sánchez Guerra. Aceptó el monarca las condiciones que le impusieron: derogar todas las disposiciones gubernativas aprobadas durante la dictadura y asumir el compromiso de suspender de forma voluntaria algunas de sus regias prerrogativas durante el periodo constituyente, acatando así el fallo de las Cortes. Incluso mostró Alfonso su conformidad con que ese nuevo gobierno de los llamados «constitucionalistas» prometiera defender el dictamen de la Asamblea constituyente y «la lealtad al rey hasta que dicho dictamen se pronuncie». A todo ello accedió el monarca sin sospechar que Sánchez Guerra rebasaría el límite de las concesiones al presentarse en la cárcel Modelo para repartir carteras ministeriales entre los miembros del comité revolucionario que se hallaban recluidos, a la espera de juicio, por un manifiesto subversivo donde proponían sepultar a la monarquía en los archivos de la historia. Invitar a formar parte del Consejo de Ministros del rey a quienes se hallaban detenidos por sublevarse contra ese mismo rey era la mayor blasfemia política que cualquier monárquico podía escuchar. Al final, los presos republicanos rechazaron la invitación. Sánchez Guerra declinó el encargo y, ahora, en sus mítines y conferencias, declara sentirse un monárquico sin rey, que no se opondrá al advenimiento de la república si así lo quieren los españoles.

—Deduzco que el parecer unánime del Consejo es prescindir de las elecciones provinciales ya acordadas, para ir, lo antes posible, a unas generales —dice el rey.

—Así es —contesta el presidente, tras dar otro sorbo al café.

—Bien. Al margen de ello, ¿se alcanzó algún consenso?

—Descartada, por el momento, la dimisión en bloque del Consejo, se optó por recomendar a Vuestra Majestad que sondee, con los jefes de los partidos monárquicos que no forman parte del Gobierno, su disposición hacia la convocatoria de las elecciones generales. Durante el transcurso de la sesión, se redactó una nota que traigo aquí conmigo —dice Aznar, quien, acto seguido, entrega un documento con el emblema oficial de la Presidencia.

El rey lo lee con detenimiento mientras sus dedos juguetean con un encendedor. Lo deja sobre la mesa y guarda silencio unos instantes. Empieza en ese momento a notar el peso insoportable de la soledad, a sentirse aislado en ese palacio al que el mundo da la espalda. Lo asalta el recuerdo fugaz de su madre, su ángel custodio, que cuidó con tino la

Corona durante los años de regencia sin dejarse secuestrar por intrigas palaciegas ni someterse a las inclinaciones políticas de unos y otros. Se la arrebató el destino sin previo aviso hace solo dos años, vigente aún la dictadura, y dejó a Alfonso sumido en la oscuridad. Y ahí está él ahora, huérfano entre las densas sombras de ese rincón desdichado de Madrid que cercan los enemigos de la monarquía, abrumado por la parsimonia de unos consejeros que tremolan bandera blanca como preludio de la rendición. «¿Qué ha sucedido para convertir mi trono en diana de todos los males? ¿Qué es lo que ha traído al país el desacato y la rebeldía?», se pregunta, desalentado y carente de apoyos para evitar la liquidación del sistema constitucional. Si aún quedase algo del entusiasmo espontáneo que su presencia suscitaba en las ciudades y pueblos de España, de las muestras de respeto y cariño con que siempre lo recibían… ¿Hay algo aún de todo eso o acaso quedó enterrado bajo el estigma de la dictadura?

Ajeno a las cavilaciones del rey, prosigue Aznar:

—Debo apuntar que el ministro De la Cierva no estuvo conforme con las apreciaciones de esta nota y pidió que así se lo transmitiera a Vuestra Majestad.

«Pero ¿acaso va a ser cierto que no hay más solución que mantener la monarquía por la fuerza, como preconiza De la Cierva?», se plantea el rey, que lo único que anhela es la vuelta a la senda de la normalidad constitucional. La idea de que el remedio de la crisis pase por resistir a tiros le repele; no ya por la dudosa reacción del Ejército en caso de tener que enfrentarse a ese escenario, sino por su propio rechazo a manchar de sangre las calles, sea para imponer una nueva dictadura, que ni siquiera baraja como posibilidad, sea para forzar unas elecciones. «Ni una gota de sangre por mi causa», resuelve.

Tiene el rey la impresión de que los últimos sucesos han desbordado el consenso pírrico del Gobierno. Se abstiene de pedir la opinión de Aznar; duda incluso de que tenga alguna. En lugar de ello, le pasa la cuenta pendiente:

—He de decir que hubiera sido deseable, incluso obligado, que se me informara ayer mismo del acuerdo adoptado por el Consejo —dice, con severidad—. Cualquiera puede ver que los acontecimientos se precipitan en las calles a mayor velocidad que las deliberaciones de los ministros. Anoche, mientras estos dormían, los revolucionarios instigaban a las masas y desataban la euforia republicana en diversos puntos del país. Si, como se me ha sugerido, he de atender a los representantes de otros partidos monárquicos para buscar apoyos a esa convocatoria electoral, ¿no cree que ayer hubiera sido mejor que hoy?

El presidente se mantiene en silencio. No aclara si la demora con que ha acudido a ver al rey se debe a su bisoñez política o si subyace en ella alguna influencia oculta, tal vez la alargada sombra del «travieso conde», como Berenguer llama a Romanones. Aznar deja esa duda en el aire para el juicio de la historia.

Llama a la puerta el coronel Martín Alonso, que anuncia la llegada de los ministros de Estado y de Gracia y Justicia. El rey ordena que los hagan pasar al salón de consejos y acude allí acompañado del presidente.

Desde los tiempos de Alfonso XII, es en esa estancia del palacio donde tienen lugar las reuniones del Consejo de Ministros cuando asiste el rey. Cuelga del techo una imponente lámpara de cristal de Bohemia sobre una mesa rectangular de madera tallada, en torno a la que debaten los ministros bajo la mirada escrutadora de Felipe V, cuya estampa se alza majestuosa sobre la chimenea.

El rey se sienta a la cabecera de la mesa, rodeado de sus consejeros. Permanece tranquilo, sin revelar temor.

—He recibido tu nota; la que me has hecho llegar a través del vizconde —le dice a Romanones.

—Lamento haber recurrido a un mensajero, pero he querido transmitirle mis impresiones con la mayor rapidez —aduce este.

—Está bien, aunque entenderás que no pueda aceptar sin más lo que dices en ella.

Aznar y García Prieto se miran entre sí, sin comprender el tenor de la conversación. El conde fija sus ojos en el monarca y, con voz desfallecida, manifiesta:

—Señor, no acierto con la fórmula suave de exponerle que todo está perdido.

—¿Qué quieres decir?

—Pues, que no queda ya ni la más remota esperanza de salvar la monarquía —responde Romanones, en tono enfático.

—Puede que eso sea mucho decir —tercia Aznar—. Valorados en su justa medida, tampoco es que los resultados hayan sido tan adversos para la causa de Su Majestad.

—Déjese de consuelos, no los necesito —lo reconviene el rey, y, dirigiéndose a Romanones, pregunta—: ¿Puedes explicarme por qué dices eso?

—Porque considero irrefutable que el triunfo republicano sobrepasa las proporciones de un movimiento urbano. No nos llamemos a engaño: lo que se ha ventilado el domingo es el porvenir de España y su forma de gobierno.

El rey lo mira como si quisiera penetrar hasta el fondo de su pensamiento.

—Algo ha tenido que pasarte para que pienses así —le dice.

—Puesto que lo pregunta, señor, le diré que la noche de las elecciones sufrí una pesadilla espantosa. No quise hablarle ayer de ello, pero lo cierto es que no deja de obsesionarme desde entonces.

—¿Cuál es ese mal sueño que tanto te preocupa? —inquiere el rey.

—Verá, señor, esa noche me vi transportado a la Rusia de 1918, y presencié el trágico final del zar Nicolás II y su familia; aquel siniestro y horrible asesinato de Ekaterimburgo… —Hace Romanones una pausa, como si la voz se le pegara a la garganta, y baja la mirada.

—Continúa. —El rey no está para melodramas.

—Acudió entonces a mi memoria el recuerdo de aquellos días en que el infortunado monarca ruso era todavía libre y perdió la oportunidad de buscar refugio en Inglaterra.

—¿Y por causa de una pesadilla quieres que emprenda yo el camino del exilio? —El rey se muestra incrédulo.

—No, señor, claro que no. Lo que quiero decirle es que tengo para mí que algo así está por ocurrir aquí en cualquier momento.

—¿Cómo puedes estar tan seguro? —insiste el monarca.

—Porque la historia constata adónde lleva la cólera ciega de los pueblos impacientes o exasperados —responde Romanones, con viva emoción—. No cabe duda de que Luis XVI jamás sospechó que las turbas asaltarían Versalles para conducirlo preso a París ni que sus días, y los de María Antonieta, terminarían del modo que todos conocemos, con la cabeza separada de los hombros. Hay odio en las miradas de todos esos revolucionarios que, en estos momentos, mientras hablamos, se lanzan a ocupar la calle ante la pasividad complaciente de la fuerza pública. No abrigo dudas del placer con que las masas se abalanzarían contra este palacio, y tampoco confío en la fortaleza de los diques para contener el asalto.

—Lo dices por el Ejército —repone el rey.

—Si la violencia se desata en las calles, el Ejército se desmembrará sin remedio —responde Romanones—. Una parte de él se mantendrá leal a Vuestra Majestad, y otra se unirá a los republicanos. No es posible saber en qué proporción se desgajará la tropa, pero sí a qué aboca ese escenario.

—La guerra civil —sentencia García Prieto.

Romanones inclina la cabeza en señal de asentimiento.

—De manera que mi respuesta es sí —prosigue el conde, persuasivo—. Tan convencido estoy de la inminente explosión de las ansias revolucionarias que, por esa razón, suplico a Vuestra Majestad que abandone el país en el acto.

—¿De veras cree que la vida de Su Majestad corre peligro? —pregunta Aznar.

—Es lo que intento decir —contesta Romanones—. Y sé que habrá quien alegue que no puede marcharse porque la Corona, más que a Vuestra Majestad, pertenece a España, a su tradición y a su Historia. Siendo cierto todo ello, y sin dudar de las rectas intenciones de quienes así se pronuncien, yo digo que mi única preocupación es salvar la vida del rey y de su augusta familia, porque solo de ese modo habrá esperanza para su pronto regreso a España.

El soberano mira a García Prieto, al que conoce bien después de que este haya desempeñado la jefatura del Gobierno hasta en cuatro ocasiones, además de la presidencia que, interinamente, asumió en trágicas circunstancias, al caer muerto a tiros el presidente José Canalejas, asesinado por un anarquista en 1912, en pleno centro de Madrid.

—¿Tú, Manuel, piensas lo mismo? ¿Crees también que todo está perdido? —le pregunta, cogiendo un cigarrillo de la pitillera.

—El conde es un hombre juicioso y ha expuesto con claridad sus razones —responde García Prieto—. En lo esencial, coincido con el diagnóstico que hace de la situación. Los líderes republicanos incitan a la muchedumbre a tomar las calles esparciendo el rumor de la renuncia de Vuestra Majestad, que presentan como un hecho consumado. De esa manera, aspiran a generar un clima de presión que se haga insoportable para el Gobierno y aborte cualquier salida distinta a darles lo que demandan.

—Entonces, ¿lo mejor es que haga realidad el bulo que propagan y me marche de España?

—En mi opinión, y hablando con la franqueza que Vuestra Majestad espera de mí, creo que antes se deberían agotar todas las opciones —contesta García Prieto.

—¿Qué sugieres?

—Atender la recomendación que se acordó en el Consejo de ayer.

—¿Llamar a consulta a los constitucionalistas?

—Eso fue lo que convinimos los ministros después de valorar y rechazar la dimisión del Gobierno. Se redactó una nota para Vuestra Majestad que, presumo, le habrá entregado el presidente —dice García Prieto.

—Mi duda es si aún hay tiempo para ello —murmura el rey, encendiendo el cigarrillo.

—Precisamente en eso están los republicanos, en arrebatarle a Vuestra Majestad cualquier margen de reacción —repone García Prieto—. Incendian las ciudades con revueltas, algaradas y manifestaciones, dando una imagen de triunfo irreversible, de estallido colectivo, que ahuyente cualquier iniciativa monárquica.

Mientras Romanones gesticula para mostrar su desacuerdo, prosigue García Prieto:

—Pactar con el bloque constitucionalista la convocatoria de unas elecciones generales, por difícil de digerir que sean las condiciones que impongan, dejaría a los revolucionarios desarbolados, y al descubierto sus engaños a ojos de los españoles cuando se conozca que el rey permanece en su puesto y está dispuesto a acatar la voluntad que resulte de unas Cortes Constituyentes.

—Es un error, un grave error —interviene el conde—. Con ello se perderá un tiempo precioso.

—Lo que yo defiendo es lo que acordó el Consejo —rebate García Prieto.

—No percibí en usted tanta determinación en la sesión de ayer —recrimina Romanones.

—Lamento que no me expresara de forma más enérgica y decidida —replica el otro—, pero eso no resta valor a la recomendación que los ministros aprobamos elevar a Su Majestad.

—¿Tan inoportuno te parece explorar esa vía? —le pregunta el rey a Romanones.

—No tengo fe en soluciones transaccionales —responde este—. Una nueva apelación a los comicios para unas elecciones a diputados, o la formación de un Gobierno nacional con representantes de todos los partidos, incluso de los antimonárquicos, cosa que ya intentó Sánchez Guerra en mejores circunstancias que las presentes, son soluciones que juzgo impracticables por extemporáneas.

El rey se levanta. Aznar y los dos ministros hacen lo mismo.

—Voy a aceptar la recomendación del Gobierno —resuelve el monarca—. Hablaré con Sánchez Guerra, Álvarez y Villanueva. Tantearé la posibilidad de que se sumen a un Gobierno con un solo punto en su programa: presidir unas elecciones a Cortes.

—Aplaudo la decisión de Vuestra Majestad —dice García Prieto, esperanzado.

Se despide el rey de Aznar, que es el primero en abandonar el salón de consejos.

Lo sigue García Prieto, a quien detiene el monarca un segundo para susurrarle:

—Abajo habrá periodistas. Sería apropiado que mediara algo de sensatez en la declaración del presidente. Te agradeceré que le des algunas indicaciones. No quiero que vuelva a pasar lo de ayer.

El ministro de Gracia y Justicia cumple el real encargo mientras desciende con Aznar la escalera principal del palacio. Se agolpa a sus puertas una nube de periodistas y fotógrafos y una multitud de curiosos. El presidente se aproxima a ellos y, previamente aleccionado, declara:

—Son cuatro cosas sencillas las que tengo que decir; mejor dicho, una sola. El Gobierno ha aconsejado a Su Majestad que, puesto que en él faltan algunos sectores monárquicos que no forman parte del mismo, los representantes de estos sectores expongan al soberano su parecer y lo que piensan acerca de esto de las elecciones. Conste, señores, que no existe crisis política. De lo que se trata es de que, como el rey no oye más que a los representantes de los partidos políticos que figuran en el Gobierno, y como en este faltan esos sectores de que les hablo, creemos que debe oírseles. Nuestro parecer, el parecer de cada uno de nosotros, lo conoce ya Su Majestad. Ahora conviene que conozca el parecer de esos elementos monárquicos que no están en el Gobierno. No es tampoco que esos elementos piensen de modo distinto al nuestro, porque también nosotros somos constituyentes. Creemos que el asunto debe resolverse en unas Cortes Constituyentes, aunque es indudable que una parte del país se ha manifestado en las elecciones municipales por otra forma de gobierno. Sin embargo, hay que tener en cuenta que la inmensa mayoría de los concejales es monárquica, aunque el triunfo de los no monárquicos lo hayan conseguido en las grandes poblaciones. Por todo lo dicho, entiende el Gobierno que debe ratificarse en unas Cortes, y, como falta en la composición del mismo la representación de un sector que no se ha declarado republicano, de ahí las entrevistas que va a tener Su Majestad.

Pronunciadas estas palabras, que sumen a los presentes en una cierta confusión, el presidente monta satisfecho en el automóvil y pide a su conductor que lo lleve a casa.

CAPÍTULO 9

LA ENCOMIENDA

—Quería hablar contigo a solas un momento —le dice el rey a Romanones, tras marchar Aznar y García Prieto—. Ven, siéntate.

—Señor, nada más lejos de mi intención que apelar la decisión de Vuestra Majestad —dice Romanones, volviendo a tomar asiento—, pero déjeme anticiparle que las conversaciones con los constitucionalistas van a suponer una completa pérdida de tiempo.

—Es posible que tengas razón. Sin embargo, no quiero que llegue un día en que me arrepienta de no haberlo intentado.

—Vuestra Majestad, lo he dicho antes, está expuesto a un grave peligro. Cada minuto que pasa es crucial para ponerse a salvo.

—Sí, ya te lo he oído. Los haré venir hoy mismo y veremos lo que ocurre.

Romanones, al ver al monarca enrocado en su decisión, opta por no insistir.

—Mira —dice el rey—, solo veo un modo de persuadir a los constitucionalistas para que se sumen a un Gobierno provisional o, al menos, para que se adhieran a la convocatoria de unos comicios constituyentes.

—¿Y cuál es ese modo?

—Garantizándoles el apoyo de los republicanos a las elecciones.

—Dudo mucho que eso sea posible.

—Tal vez, pero no podemos afirmarlo a ciencia cierta. No tenemos evidencias de cómo están los ánimos en el bando antimonárquico ni de cuáles son sus intenciones.

—Señor, si hubiera visto cómo estaban las calles de Madrid anoche, le aseguro que no albergaría la menor duda sobre los ánimos y las intenciones de los republicanos.

—Ya, pero, aunque sea así, quiero que te pongas en contacto con ellos.

—¿Vuestra Majestad me pide que conferencie con el comité revolucionario? —pregunta Romanones, con asombro.

—Sí, quiero que te reúnas en privado con Alcalá-Zamora.

—Pero, señor, ¿con qué fin?

—Tienes que convencerle para que acepte unas elecciones de carácter constituyente; que sean los españoles quienes elijan con libertad el sistema de gobierno que desean. Si ha de llegar un nuevo régimen, sea cual sea, que emane de las urnas y no de un amotinamiento popular. Apela a ese sentido democrático del que tanto hace gala.

—Me temo que es tarde para cualquier clase de acuerdo.

—Tú haz lo que te pido —ordena el rey, tajante—. Puedes decirle, de mi parte, que estoy dispuesto a ausentarme de España para no interferir en la voluntad que los españoles expresen en las urnas.

Romanones cambia de postura. La expresión de su cara se ilumina al oír esas palabras.

—¿Considera de veras esa opción? —pregunta.

—Abandonar la patria es el mayor sacrificio que se me puede imponer como rey y como español. Yo estoy dispuesto a asumirlo voluntariamente. Sí, saldría de España esta misma tarde. Pero, a cambio, el comité revolucionario debe adquirir el compromiso de evitar disturbios a toda costa. Las elecciones deben discurrir sin alteraciones del orden público.

El rey calla y baja la mirada, tratando de ocultar la expresión de tristeza en su rostro. La idea de partir le causa una aflicción insoportable. Se nota que quiere decir algo más, pero se contiene.

—Por muy generosa que sea su concesión —comenta Romanones—, mantengo mi escepticismo. Quizás el ala moderada de los republicanos (si acaso la hay en las circunstancias actuales) pueda avenirse a un convenio de esa naturaleza, pero tenga por seguro que los socialistas no transigirán bajo ningún concepto.

—Bueno, no demos nada por supuesto. Tampoco podíamos imaginar que los socialistas se entenderían con Primo de Rivera a las mil maravillas. ¿Quién hubiera dicho que veríamos a Largo Caballero sentado en el Consejo de Estado durante los años de dictadura?

Romanones asiente con la cabeza y dice:

—Y no fue el único socialista distinguido que aceptó colaborar con el régimen. Muchos otros ocuparon cargos en distintos órganos del Estado.

—Cierto. Me pregunto dónde estaban entonces sus escrúpulos democráticos —dice el rey, y, siguiendo el hilo de su pensamiento, añade—: De todos modos, creo que a estas alturas no hay mucho que perder. Con tu acercamiento, sabremos al menos cuáles son sus propósitos y podremos forjarnos cabal idea de la verdadera situación.

El rey y su consejero meditan en silencio durante unos instantes, hasta que Romanones dice:

—Señor, no quería traer el tema a colación, pues se trata de un asunto que no se me consultó, pero ha llegado a mis oídos que ayer se practicó una actuación semejante y no fue bien acogida en el bando republicano. Por eso me pregunto si vale la pena volver a intentarla.

—Esa actuación a la que aludes no fue iniciativa mía —zanja el rey, que enciende un nuevo cigarrillo antes de proseguir—: Por bienintencionada que fuera, lo cierto es que estuvo mal planteada y peor ejecutada.

—Haré lo que me pide, aunque, si le soy sincero, supone para mí un encargo penoso.

—Tú eres quien más conoce a Alcalá-Zamora —determina el rey, sin ver preciso aludir a los años en que el ahora presidente del comité revolucionario trabajó como secretario particular de Romanones—. No se me ocurre nadie más indicado que tú.

—Pediré al doctor Marañón que se ocupe de concertar un encuentro con Alcalá-Zamora en terreno neutral.

—Bien. —El rey coloca su mano sobre el hombro del conde—. Ponte a ello cuanto antes.

Ambos abandonan el salón de consejos. El monarca acude a su despacho, donde pide a su ayudante que lo comunique con el subsecretario de Gobernación.

—Mariano —le dice, cuando lo tiene al otro lado de la línea telefónica—, ponte al habla con los gobernadores y entérate del camino que tengo libre para salir de España. Lo mismo me da por un lado que por otro.

El subsecretario se queda helado al escuchar esas palabras, y no tiene tiempo de responder al ver interrumpida de forma inmediata la comunicación telefónica.

Marca el reloj las once de la mañana y, como estaba previsto, comienzan a desfilar por el gabinete regio los ministros del Gobierno, en el orden en que han sido convocados, para intercambiar pareceres con el monarca. Aparecen el marqués de Hoyos y Juan Ventosa; este último, además de responsable de la cartera de Hacienda, es el representante en el Consejo de la Liga Regionalista. El rey avanza a su encuentro.

—¿Cómo está el alboroto? —pregunta al ministro de la Gobernación, al que estrecha la mano.

—En Madrid hay algunos grupos dispersos con banderas republicanas —contesta Hoyos—. Han intentado convocar una manifestación cerca de la Puerta del Sol, que ha sido disuelta sin complicaciones en cuanto ha aparecido la fuerza pública.

—¿Y en las provincias?

—No tenemos noticia de que los sucesos de Éibar se hayan replicado en otros lugares. Lo último que he sabido antes de salir del despacho es que en Bilbao se estaban colocando pancartas con mensajes subversivos en las fachadas del centro. Salvo eso, al menos a esta hora, no hay más novedades.

El rey los invita a tomar asiento y dice:

—A la vista de la gravedad de la situación, he citado a todos los ministros en despacho extraordinario para conocer de primera mano vuestras opiniones.

—A mi juicio —interviene Ventosa, con marcado acento catalán—, no hay más que dos soluciones.

—¿Que son?

—La primera, aceptar los hechos como interpretación de la voluntad de España contra la monarquía.

—No —rechaza, de plano, el rey—. La voluntad expresada en la votación no es contra la monarquía, sino resultado de una serie de perturbaciones que han acumulado animosidades contra mí. ¿Cuál es la segunda?

—Resistir con fuerza, yendo al cierre de universidades, suspensión de periódicos, etcétera, pero esta actitud no la puede adoptar este Gobierno.

—Tampoco la encuentro aceptable. Ante el resultado de las elecciones que entrega a los revolucionarios los ayuntamientos de las capitales, no haré uso de la fuerza. Me repugna la idea de imponerme de esa forma y desencadenar una guerra civil. Sé que muchos se dejarían matar por mí, pero hay que pensar en España.

—Pues, si no es haciendo uso de la fuerza, no veo por qué medio conservar la monarquía —concluye Ventosa.

—La monarquía se ha de conservar en el país en la forma y condiciones que el país quiera —repone el rey, con más calma de la que cabría esperar—. Yo estoy resuelto a que mi presencia no sea un obstáculo.

Ventosa se muestra sorprendido ante ese último comentario.

—¿Qué quiere decir Vuestra Majestad?

—Quiero decir que, siguiendo la recomendación del Consejo, he llamado a consulta a los señores Sánchez Guerra, Álvarez y Villanueva. Tengo la intención de proponerles unas elecciones generales a Cortes Constituyentes. Si aceptan la propuesta, me ausentaré de España de forma provisional, al menos durante el tiempo que dure el proceso electoral.

El rey escruta la reacción de sus ministros. Hoyos permanece mudo. Ventosa reflexiona unos segundos y, al fin, dice:

—Tal solución parece, en efecto, la única viable. Sería de desear que las consultas con esas personalidades políticas llegaran a buen puerto sin que las haga encallar la inquina que sienten hacia Vuestra Majestad. Los constitucionalistas no se declaran incompatibles con la monarquía, sino con quien la encarna en estos momentos.

—Sé que las heridas de la dictadura no terminan de cicatrizar y soy consciente del rechazo que mi persona genera en algunos sectores monárquicos. Por eso, dadas las condiciones de salud del Príncipe de Asturias, estoy valorando formar un Consejo de Regencia que convoque unas elecciones a Cortes Constituyentes. —Volviéndose hacia Hoyos, agrega—: Ese Consejo podría estar presidido por el infante don Carlos.

—Le reitero mi adhesión y mi deseo de ser útil a Vuestra Majestad en todo momento —dice el marqués, en la obligación de pronunciarse—. No puedo aconsejar cosa distinta de lo que acaba de sugerir, pero esa solución debe intentarse rápidamente.

El rey se levanta y acompaña a los ministros hasta la antecámara. Mientras se despide de ellos, pregunta a Ventosa:

—¿Cómo está Cambó?

—Anoche cogió el tren para Madrid, preocupado por el cariz de los acontecimientos. Me reuniré con él en un rato. Hemos quedado para almorzar.

—Pero ¿has tenido ocasión de hablar con él?

—Sí, ayer, por teléfono.

—¿Y cómo ve las cosas?

—Achaca el triunfo de los republicanos en las grandes ciudades a la desidia y apatía de los monárquicos.

—No puedo estar más de acuerdo con esa idea —señala el rey.

—Y dice —prosigue Ventosa— que la declaración del presidente a la entrada del Consejo de ayer, lo de que España se había levantado republicana, fue una insensatez que se expandió por todo el país como un reguero de pólvora. Entre eso y el telegrama del general Berenguer, la verdad es que se ha creado una situación muy difícil de administrar.

—¿A qué telegrama te refieres?

—¿No lo sabe, señor? Pensaba que estaría al tanto. La noche del domingo, el general envió una circular a las capitanías generales, admitiendo la derrota en las elecciones municipales y demandando serenidad ante las previsibles explosiones populares que produciría la victoria de republicanos y socialistas.

—Dios santo, ¿cómo es que nadie me ha informado de semejante torpeza? —reprocha el rey, atónito.

—Los ministros tampoco tuvimos conocimiento de ello hasta la sesión del Consejo de ayer, cuando el general dio lectura al telegrama —tercia Hoyos.

—Un mensaje como ese transmite la sensación de que cunde el pánico en el Gobierno —dice el rey.

—De todas las maneras —continúa Ventosa—, la Corona puede contar con la lealtad de Cambó. Él, como suele decir, no se considera monárquico de sentimiento, pero es un firme defensor de la utilidad de la institución, y esa convicción lo ha llevado a rechazar no pocas ofertas para adherirse al movimiento republicano. Tiene la creencia de que, si a España llega un día la república, serán las izquierdas sociales las que la dominen y, probablemente, las que la deshagan. Ese régimen supondría el comienzo de una era de convulsiones para el país.

—Sí —dice el rey—, sé que algo así le argumentó a Ortega cuando este fue a pedirle que firmara el manifiesto de unos intelectuales donde ensalzaban las virtudes de la república. Cambó lo mandó a paseo diciéndole, entre otras cosas, que la república se traduciría en un inevitable retroceso de la cultura por la que tanto suspiraban esos eruditos. Ortega se marchó dando un sonoro portazo.

—Sí, así fue —corrobora Ventosa—. El señor Ortega se despachó a gusto con un artículo que publicó en *El Sol*, de todo punto despreciable, donde me dedicaba una buena sarta de injurias. Todo el mundo sabe que yo soy el hombre de Cambó en el Gobierno, así que Ortega quiso vengarse de él propinándole una patada en mi trasero.

—Me acuerdo, Juan. Cuando leí las cosas que decía de ti, pensé: «He aquí el señor Ventosa, otro respetable ministro del Gobierno haciendo entrada en el club de injuriados que tengo del deshonor de presidir». —El rey esboza una sonrisa. Le tiende la mano y añade—: En fin, no dejes de transmitir a Cambó mi afecto cuando estés con él.

Tras ausentarse los ministros, el rey retorna a su escritorio. Apoya los brazos en la mesa y descansa la cabeza sobre ellos. Abriga la esperanza de que los republicanos se avengan a unas Cortes Constituyentes aun a costa de que él tenga que ausentarse de España hasta que los españoles se pronuncien en las urnas. Si Romanones logra la adhesión republicana a los comicios, el bloque constitucionalista no hallará motivos para negarse a ellos. En ese caso, tocará lidiar con la derecha, que pondrá el grito en el cielo por haberse sellado un compromiso con los enemigos del régimen, pero los conservadores no tendrán más remedio que transigir ante la falta de alternativa.

Permanece a solas en el despacho, fumando un cigarrillo tras otro, sumido en cavilaciones que alimentan su zozobra, hasta que las campanillas del reloj dan las doce y le comunican el turno de los ministros de Guerra, Marina y Trabajo.

El rey no ha visto a Berenguer desde el pasado jueves, cuando acudieron juntos a clausurar un curso de coroneles del Ejército, quienes aclamaron con entusiasmo las palabras del monarca. Reprueba el envío del telegrama que acaba de conocer, pero entiende que a nada conduce recriminarle ya un hecho irreversible.

—He conocido la nota del Consejo de ayer y he aceptado su recomendación —dice el rey a los ministros cuando estos entran en su despacho—. Voy a proponer la formación de un gabinete en el que entren los constitucionalistas. Y para que el país disponga de mayor libertad de pronunciarse sobre el régimen, me propongo ausentarme de España mientras tengan lugar las elecciones.

Ninguno de los ministros dice nada. Berenguer está alicaído; camina con dificultad tras haberse visto inmovilizado en su habitación durante varias semanas por su débil estado de salud. El ministro de la Marina es un almirante sin criterio ni experiencia política, que se limita a secundar las opiniones de Berenguer. Y en cuanto al duque de Maura, el ministro que ayer declaró ilegítima la monarquía en España, pesa sobre su conciencia el fiasco del improvisado parlamento con los republicanos, que detonó la explosión revolucionaria de anoche en las calles.

El rey se vuelve hacia este último:

—Quiero pedirte que redactes un manifiesto a la nación.

—¿En qué términos, señor?

—Tienes que decir que me dispongo a suspender el ejercicio del poder real hasta que los españoles se pronuncien en las elecciones a Cortes que habrá de convocar el nuevo Gobierno. Yo permaneceré apartado de España mientras se reúnan esas mismas Cortes, en espera del resultado de sus deliberaciones. Deja claro que no renuncio, que mi ausencia es provisional, e incide en que mi causa jamás dará lugar a una contienda fratricida entre españoles. ¿Lo comprendes?

El duque ha registrado las palabras del monarca y asiente.

—Cuente con ello.

Llega por último el turno de la derecha. El rey se percata de que Bugallal y De la Cierva son los únicos ministros que acuden vestidos de etiqueta, a diferencia de los demás, que iban de americana. Los acompaña el ministro de Instrucción Pública, el aragonés José Gascón y Marín, también de traje y corbata.

—Gabino —pregunta el rey a Bugallal—, ¿tú que piensas del resultado de las elecciones?

—Numéricamente, el triunfo es monárquico —contesta, con firmeza, el presidente del partido conservador—. Suponer que tan solo hayan de contarse los votos de los grandes centros para apreciar la significación del resultado es desnaturalizar maliciosamente el mecanismo electoral.

—Habrás notado que no todo el mundo opina igual —ironiza el rey.

—Los diputados de los distritos no tienen en las Cortes distinta representación que los de las ciudades, luego lo mismo puede decirse de los concejales —sostiene Bugallal.

—Ya, si yo capto la lógica del argumento, pero la interpretación que la prensa ha hecho del resultado de las elecciones va por otros derroteros. No sé si cabe ignorar que esos escasos seis mil concejales republicanos elegidos de forma mayoritaria en las capitales y ciudades importantes representan mayor número de votos que los veintidós mil concejales monárquicos.

—Señor, aunque fuese así, contratiempos como este los tienen los gobiernos en España y fuera de ella, y no se les da más resonancia que la de un accidente político que, más o menos, fácilmente se enmienda —dice Bugallal.

—Me temo, Gabino, que las consecuencias de las elecciones del domingo trascienden a un mero accidente.

—Cuanto ahora ocurre, señor, corresponde al periodo de liquidación de la dictadura y al restablecimiento de la normalidad constitucional. De ahí que no pueda juzgarse con las mismas normas críticas que en otras ocasiones a un Gobierno que se constituyó para ir venciendo las lógicas dificultades con que tropieza.

—Entonces, según tu criterio, lo mejor es hacer el don Tancredo —concluye el rey.

—Lo que digo es que no hay motivo para que este Gobierno se desvíe del camino que en su programa se trazó.

El rey se vuelve hacia De la Cierva.

—¿Y tú, Juan? Sé que no estás muy de acuerdo con la nota del Consejo de Ministros que el presidente me ha entregado esta mañana.

—Con lo que estoy en absoluto conforme es con lo que ha expuesto el conde de Bugallal, con quien he intercambiado impresiones. Pero ha de permitirme Vuestra Majestad que, antes de ampliar esas consideraciones y agregar otras, le haga a mi vez una pregunta. ¿Ha decidido Vuestra Majestad marcharse?

El rey no disimula su disgusto al verse interrogado de esa forma por De la Cierva.

—¿Por qué lo preguntas?

—Porque el conde de Romanones me acaba de decir, en la galería de palacio, que Vuestra Majestad ha adoptado esa resolución.

Confía el rey en que Romanones no haya ido más allá y no haya compartido con De la Cierva la encomienda con la que ha salido de palacio.

—Sí, he decidido marcharme —confiesa—, pero no sin formar antes un Gobierno, o tal vez un Consejo de Regencia, que dirija las elecciones a Cortes Constituyentes, a fin de que resuelvan si España quiere monarquía o república.

—¿Un Consejo de Regencia? —pregunta De la Cierva, entre confuso y sorprendido—. Pero ¿acaso se plantea abdicar?

—Hablo de una regencia, ya se vería en qué términos. Lo determinante es que los españoles se pronuncien con libertad sobre el rumbo que quieren para su país.

—¿Y para ello se propone marcharse? —vuelve a inquirir De la Cierva.

—Estando ausente, nadie dirá que he influido en tales elecciones. He citado esta tarde a los constitucionalistas para invitarlos a entrar en el Gobierno.

—Señor —dice De la Cierva—, si Vuestra Majestad desea y puede formar otro Gobierno, es cosa que está dentro de sus facultades, y únicamente corresponde a los demás reservar o exponer su juicio, y acatar la resolución del rey. Pero, lo de ausentarse Vuestra Majestad en la forma que ha expresado, permítame que diga, con toda lealtad y franqueza, movido por el deber que con España y con Vuestra Majestad tengo, que no lo puede ni lo debe hacer.

Al rey, que ya ha interiorizado su voluntad de cruzar la frontera para propiciar el acuerdo en torno a las elecciones generales, lo irrita el rumbo de la conversación.

—¿Y por qué no? —pregunta, con un punto de altivez en la voz.

—Porque esa ausencia sería la renuncia a la Corona, que no es de Vuestra Majestad más que en un momento histórico, que es de su estirpe, y que, por representar la institución secular de España, a esta en realidad pertenece. Como estoy seguro de que, si el rey se va, España cae en el abismo, y la monarquía será barrida por las olas revolucionarias ya tan agitadas; y nuestra civilización se destruiría, y se desmembraría la patria, porque el conglomerado revolucionario se impondría a toda idea de orden y de defensa de la sociedad.

—Encuentro tus palabras un tanto exageradas cuando yo solo contemplo una ausencia provisional mientras los españoles se pronuncian con libertad —insiste el rey.

—Y yo me atrevo a protestar de tal propósito; como español y como ministro, me opongo a ello y pido a Vuestra Majestad que se mantenga fiel a la patria y valerosamente afronte y venza las dificultades actuales —se obstina De la Cierva.

—Lo que pasa, Juan, es que hay en España algunos que en estas materias no ven más allá de sus narices, y no aprecian el problema de conjunto, no ven la lejanía, solo ven el aspecto inmediato de la perspectiva. Yo no puedo consentir que, con actos de fuerza para defenderme, se derrame sangre, y por eso me aparto de este país.

—Señor, siento mucho molestarle, pero estos momentos son históricos y he de hablar con firmeza y claridad —dice De la Cierva.

—Nunca has dejado de hacerlo y estoy seguro de que no vas a empezar ahora.

De la Cierva se toma unos instantes para meditar sus palabras y continúa:

—Lo peor no es que en España estemos algunos que no vemos más allá de nuestras narices; lo peor es que al nivel y junto a ellas la trágica realidad española nos diga que el rey se equivoca si piensa que su alejamiento y pérdida de la Corona evitarán que se viertan lágrimas y sangre en España. Es lo contrario, señor, y Vuestra Majestad debe pensar en los que se sacrificaron para restaurar la monarquía en nuestro país, después de las tragedias de 1873 en adelante. Los que las hemos visto de niños no podemos avenirnos a que se reproduzcan, y se reproducirán si el rey se marcha. Piense en el triunfo de otras revoluciones por no haberse defendido las instituciones amenazadas, y vuelva sobre su acuerdo, se lo ruego y suplico.

El rey no quiere escuchar más.

—José, ¿cuál es tu parecer? —pregunta a Gascón y Marín.

—Siendo muy nobles las palabras del ministro De la Cierva, no puedo estar de acuerdo con ellas —responde el ministro de Instrucción Pública—. Creo que Vuestra Majestad hace bien en marchar.

De la Cierva, al despedirse, se ofrece al rey con estas palabras:

—Sin propósito ambicioso, que en las actuales circunstancias resultaría insensato, sepa Vuestra Majestad que quedo a su disposición, pues no quiero dejarle indefenso ante el problema de nombrar nuevo Gobierno.

—Ya veremos, Juan. Ya veremos.

En cuanto salen, el coronel Martín Alonso traslada al rey algunos recados verbales que ha recibido mientras este despachaba con los ministros. Gregorio Marañón, a través del doctor Pascual, médico del Príncipe de Asturias, lo previene de que todo está perdido y que, por humanidad, salve al menos a la familia real; el marqués de Luca de Tena aconseja también su marcha; incluso el padre Ángel, capellán del príncipe, sugiere la salida del rey al extranjero. El monarca escucha estos avisos sin acritud.

Su ayudante lo informa de que el subsecretario de la Gobernación está al teléfono y pide hablar con él en respuesta a una petición suya.

—Señor —dice Marfil cuando el rey descuelga el auricular—, he entrado en comunicación con varias autoridades de provincias.

—¿Y qué te dicen?

—Todas me advierten que es peligroso intentarlo, pues la agitación aumenta por momentos.

—Pero alguna vía de salida te habrán dado.

—El gobernador de Murcia propone que, sin entrar en la ciudad, y tomando una carretera que antes de llegar a ella va directa a Cartagena, se gana así el puerto militar, pero a condición de que se haga rápidamente, porque no sabe cuánto tiempo podrá responder del orden.

—De acuerdo, ponte en contacto con el general Sanjurjo. Dile, de mi parte, que disponga un coche de escolta de la Guardia Civil, en la plaza de la Armería, para las cuatro de la tarde.

CAPÍTULO 10

PARLAMENTO INFRUCTUOSO

El coche oficial de Romanones trata de abrirse paso en medio de un trasiego de camiones colmados de hombres y mujeres de todas las clases sociales, que vociferan con frenesí y ondean al viento banderas rojas y republicanas. Una multitud rugiente invade las calles en una atmósfera de éxtasis colectivo que desborda toda medida imaginable. La algazara se desparrama con estruendo por la capital. Los tranvías circulan como avisperos abarrotados que descargan mareas humanas en las paradas del centro, y los vehículos particulares recorren la calzada con viajeros sobre el guardabarros, haciendo sonar los cláxones y exhibiendo carteles de los cabecillas republicanos y socialistas.

Son las dos menos cuarto cuando el automóvil de Romanones se detiene frente al número 49 de la calle Serrano. El conde accede a la residencia del doctor Marañón con aire triste y preocupado. Está pálido, un sudor frío perla su frente. El cumplimiento de la comisión que el rey le ha encargado le causa la más intensa amargura de su vida política. Cuando lo invitan a pasar a la biblioteca, se siente sumido en las tinieblas más negras de la historia de España.

Alcalá-Zamora aguarda en el centro de la estancia, de pie, con la cabeza erguida y las manos a la espalda. Tiene la tez morena, el bigote cano un tanto descuidado y lleva unas lentes redondas, de diseño antiguo. Se muestra seguro de sí mismo, investido del poder que las masas le confieren; parece dichoso en el papel de primer hombre de la incipiente república que desea alumbrar. Tan pronto como lo ve, Romanones percibe su satisfacción, rebosante por todos los poros. Puede leer en sus ojos que el momento que tanto anhela está próximo, y que nadie le arrebatará la jefatura del Estado, que roza con los dedos. Se da cuenta de que Alcalá-Zamora tiene hechos sus deberes, y que ninguna cruzada dialéctica lo hará cambiar de opinión.

Lo que sigue, se lamenta el conde, es un patético diálogo entre vencedor y vencido.

—¡Quién había de decir que nos veríamos en esta situación! —Romanones estrecha con su mano temblorosa la de su antiguo secretario.

Se sientan el uno frente al otro al borde de unas butacas. Los dos saben que será una charla breve. Las cortinas están abiertas y dejan penetrar la luz del exterior. Alcalá-Zamora advierte el desasosiego en el rostro del conde. Lo invita, respetuoso, a hablar primero.

—El Gobierno —comienza Romanones, embarazado y con la mirada baja— es consciente de la trascendencia de la votación del domingo; votación que, tendrá usted que reconocerlo, se ha verificado con una completa inhibición del Gobierno, que se somete al imperativo de la voluntad nacional.

Hace una pausa, esperando en vano el asentimiento de Alcalá-Zamora, que permanece impasible.

—Dicho ello —continúa Romanones—, lo prudente es no dejarse arrastrar por la emoción del momento, para no llegar a límites peligrosos y excesivos. Una solución extrema e irreparable, salida de unas elecciones municipales, acarrearía un vicio original para el nuevo régimen que usted postula.

Vuelve a guardar silencio, pero el cabecilla republicano se limita a mirarlo con atención.

—Usted y los miembros de su comité —prosigue Romanones— deben influir sobre las masas para dar tiempo a una serena solución. El rey y el Gobierno no quieren hacer uso de la fuerza y, por eso, lo que le piden es una colaboración con los propios enemigos, en el sentido de anteponer el interés nacional a la explicable pasión política.

Al oír estas palabras, Alcalá-Zamora adopta un rictus receloso.

—Señor conde —dice, con su deje andaluz—, usted me conoce muy bien desde hace muchos años y sabe que no soy hombre capaz de disimular. Por eso, no puedo recoger la noble invitación que me extiende. La verdad se impone y es esta: la batalla está perdida para la monarquía.

—Vengo con bandera blanca llena de sinceridad. —Romanones concentra en sus palabras la mayor dosis de humildad que es capaz de hallar dentro de sí—. En esta tregua que solicito, todo se resolverá con calma.

—No hay tiempo para soluciones intermedias —rechaza Alcalá-Zamora—. En este momento histórico, Éibar, Vergara, Zaragoza, Valencia, Sevilla y Oviedo están en pie de república. Los gobernadores civiles se comunican conmigo, y no con su Gobierno. Mis esfuerzos se encaminan hacia esos sitios para evitar todo choque sangriento.

—Escuche, por favor, lo que tengo que decirle. Ahora podría venir un gobierno integrado por constitucionalistas bajo la presidencia de Miguel Villanueva, que a ustedes les merece crédito político y que se ocuparía de preparar con tranquilidad el futuro.

El republicano pone cara de desconcierto. Mientras reflexiona sobre lo que acaba de decir Romanones, le vienen a la mente las palabras que Azaña le puso por carta hace solo un par de semanas, a propósito de un posible pacto con los constitucionalistas: «Como usted ya conoce mi opinión sobre el caso, porque se la comuniqué por escrito el mes pasado, no necesito explicarla de nuevo. Se reduce a que la coalición política resultante del pacto de San Sebastián se hizo para atraer la república mediante la revolución, no para labrar la felicidad gubernamental del grupo constituyente ni para facilitar al rey el único ensayo de salvación que le resta».

—No, ni hablar; de ninguna manera —zanja, categórico—. Además, don Miguel Villanueva tuvo en su mano la oportunidad de formar gobierno después de que Sánchez Guerra declinara el encargo de don Alfonso. Así que ya es tarde para eso que plantea. El tiempo de los constitucionalistas pasó.

—¿Incluso aunque el rey acceda a suspender sus derechos y salir del país hasta que las Cortes Constituyentes se pronuncien?

Alcalá-Zamora frunce el ceño. Una duda pasa fugaz por su mente, pero la desecha y se mantiene firme.

—No. Como le he dicho, es tarde para soluciones de este tipo.

—Mire, puedo llegar a entender que no perdone usted, ni sus correligionarios, la llegada de la dictadura, ni su ejercicio durante siete años, y sé que, para ustedes, la solución de todos los males es que el rey abandone el poder, pero ha de tener en cuenta que eso no confiere carácter legal a sus propósitos.

Romanones suspira. En sus ojos brilla una profunda desesperanza. Vuelve la vista, inquieta y suplicante, hacia Marañón, que asiste al encuentro como un notario, sin intervenir.

—¿Qué solución propone? —pregunta el conde, sin poder reprimir un punto de acaloramiento en la discusión.

—¡La marcha rapidísima del rey! —exclama Alcalá-Zamora, enfatizando la urgencia de su demanda.

—No nos dejemos llevar por las prisas. El rey permanece en el lugar que le corresponde y ha convocado a los constitucionalistas para consensuar con ellos una solución ordenada.

—Pierde el tiempo —sentencia el republicano—. Nadie acudirá en su ayuda. Está totalmente solo, si acaso asistido por un puñado de momias políticas y vetustos cortesanos, tan ciegos, tan pagados de sí mismos y tan anclados al ayer que son incapaces de ver que a este país adviene una nueva era de libertad y progreso. Lo que debe hacer el rey es franquear el paso a la república.

—Le pido un armisticio de unas semanas que dé la palabra al pueblo —insiste Romanones.

—No. Porque yo no quiero que el rey corra ningún peligro es por lo que me niego a esa tregua.

—Si no unas semanas, al menos una —implora Romanones.

—No puedo darles ni un día. No, ni siquiera un día. El pueblo, señor conde, ya ha hablado.

—¿Dónde? —alza la voz Romanones, a punto de salirse de sus casillas—. ¿En unas elecciones municipales? ¿Es ahí donde quiere asentar usted la legitimidad de la república?

Alcalá-Zamora se levanta y se acerca al ventanal. Se queda ahí durante unos segundos, ensimismado, dando la espalda al conde. Luego se vuelve, lo mira con fijeza y dice:

—Si la legitimidad de la república le suscita alguna clase de duda, le sugiero que se asome a la calle. En este momento, todo el pueblo está entregado al júbilo. Cree que el rey va a partir, y si se da cuenta de lo contrario...

—Óigame —dice el conde—. ¿Y si contemplásemos la abdicación del rey, bajo una regencia del infante don Carlos? ¿No habría posibilidad de considerarlo mientras se celebran las elecciones generales a Cortes Constituyentes?

Alcalá-Zamora vuelve a sentarse en la butaca.

—Quizás esa solución hubiera sido practicable hace un año, pero ahora es improcedente —dice—. No insista, se lo ruego. No voy a dejarme enredar en ninguna maniobra alfonsina. No queda otro camino que la inmediata salida del rey y su renuncia al trono.

—Lo que ustedes quieren es tomar el poder de modo expeditivo, sin admitir aplazamientos, apelando para tal cosa a la violencia —condena Romanones, enrojecido.

Alcalá-Zamora rehúye el reproche y dice:

—El rey debe renunciar y el Gobierno, cedernos el poder durante el día de hoy. Insisto, ¿eh?, de día. Esperar a la noche conduciría a aumentar la inquietud y a hacer más difícil el mantenimiento del orden. Así que no podrá pasar de la hora de la caída del sol —afirma, con una superioridad irritante.

—Lo que pide usted es imposible. No hay tiempo material para algo así. Tenga en cuenta, además, el delicado estado de salud del Príncipe de Asturias. Y el viaje de la familia real no se puede improvisar del modo que pretende.

El republicano se inclina hacia el conde y dice, en tono grave y solemne:

—Le ruego me escuche con toda atención, señor conde. La proclamación de la república se hará antes de que el sol se ponga. El rey debe resignar sus poderes ante el Consejo de Ministros. Hasta ahora, los acontecimientos se están desarrollando pacíficamente, pero cualquier incidente aislado puede desencadenar la tragedia. Una noche más sin Gobierno, con el pueblo en la calle y la familia real en palacio, es poco menos que un polvorín que cualquier chispa puede hacer estallar.

Alcalá-Zamora mira a los ojos del conde y pregunta:

—¿Quién detendría a veinte o treinta mil hombres arrojándose sobre palacio? ¿De veras están ustedes dispuestos a asumir la responsabilidad de lo que en tales circunstancias pueda pasar?

—¡Pues, contengan a las masas en lugar de arengarlas! —exclama Romanones—. Ustedes las han lanzado a la calle para atemorizar al Gobierno y obligar al rey a marcharse cuanto antes.

—Se equivoca usted, señor conde. En ningún momento hemos forzado los acontecimientos. Esa gigantesca demostración popular, formada por clases burguesas y obreras, invade las calles por voluntad propia y espontánea. Nadie los ha incitado a ello.

—Don Niceto, le ruego no me subestime. Sé mejor que usted que, en política, nada ocurre por azar, y tengo sobrada experiencia para reconocer una estrategia como la que su comité ha orquestado desde la noche del domingo.

—¿Pero es que no lo ve? —inquiere Alcalá-Zamora con los ojos inflamados y un matiz de altanería en la garganta—.

Las elecciones del domingo han rebasado la expectativa del triunfo republicano con la mayor y más gloriosa victoria que haya obtenido una democracia. La calle es un hervidero de gente y de pasiones. Hay en ella un desbordamiento natural de júbilo por la llegada de un nuevo régimen plenamente democrático. Yo no quiero que esa alegría pueda convertirse en drama. La noche empuja a la violencia, y la muchedumbre hasta ahora contiene su fervor, pero no respondo de lo que pueda ocurrir si no se nos ofrece la capitulación monárquica en el curso de esta tarde.

Romanones desiste. Nada de lo que diga hará cambiar de idea a su interlocutor. No hay en su ánimo deseo alguno de pacto; lo que reivindica, en términos que el conde encuentra delirantes, es el sometimiento a sus deseos y la entrega inmediata del mando.

—Vamos —Alcalá-Zamora adopta un tono condescendiente—, lo que a usted debe importarle es que determinemos los detalles del viaje de toda la familia real. Es preciso que esta misma tarde lo emprendan; como le he dicho, antes de ponerse el sol. No es prudente su salida por Irún, porque allí, como en San Sebastián, existe una gran exaltación contra el rey. Es mejor que cruce la frontera portuguesa.

Vuelve a levantarse y mira desde lo alto a Romanones. Desarmado de palabra, cabizbajo y sin fuerzas para ponerse de pie, el conde es la viva representación de la rendición monárquica. Pero el republicano no se conforma con ello. Quiere un triunfo inapelable, para lo que esgrime un último argumento.

—He de informarle que, poco antes de acudir a su llamamiento, he recibido la adhesión del general Sanjurjo.

—¿Cómo dice? —El conde eleva lastimosamente la mirada.

—Lo que acaba de oír. El general se ha personado esta mañana en el domicilio de don Miguel Maura para manifestarle que la Guardia Civil y él mismo acatan la voluntad popular y pasan al servicio de la república. Se ha puesto a mis órdenes y a las del señor Maura, nuevo ministro de la Gobernación.

El rostro de Romanones se desfigura y la consternación lo hace enmudecer. Alcalá-Zamora respeta su silencio hasta que, pasados unos segundos, decide apuntillarlo con estas palabras:

—A partir de ese momento, como puede usted imaginar, hemos considerado totalmente ganada la batalla —sentencia.

Bajan juntos las escaleras hasta llegar al zaguán. Allí, Alcalá-Zamora estrecha la mano inerte de Romanones mientras le dice:

—Recuerde: el plazo expira a las seis de la tarde.

Una multitud de curiosos congregada ante el edificio silba con hostilidad a Romanones y ovaciona con vivas y aplausos a Alcalá-Zamora. Suben ambos a sus respectivos vehículos y desaparecen por la calle Serrano.

Romanones se traslada a palacio para dar cuenta y razón al rey de la conversación habida con el cabecilla republicano. Sube la escalera principal y atraviesa la antecámara, donde la preocupación reúne a algunos aristócratas y grandes de España. Camina mirando al suelo, sin mediar palabra con nadie, hasta encontrarse con el coronel Martín Alonso ante la puerta del despacho del rey.

—Señor ministro —dice el oficial—, Su Majestad lo está esperando.

CAPÍTULO 11

DESCONCIERTO

Pasan las tres de la tarde cuando el jefe de servicio del Ministerio de la Guerra llama a la puerta e irrumpe en la residencia particular que el general Berenguer ocupa en el Palacio de Buenavista.

—Mi general, acaban de decir por la radio que se ha proclamado la república en Barcelona.

Berenguer, sentado a su escritorio, se queda pasmado. Piensa que puede tratarse de otro infundio alarmista de los que se prodigan por Madrid, pero quiere asegurarse y ordena en el acto que lo comuniquen con el capitán general de Cataluña para verificar la noticia.

Ni un solo día deja de dolerse el general por no haber podido cumplir su compromiso de devolver a España la normalidad constitucional cuando el rey le encargó el gobierno tras caer la dictadura. Pese a su vejez y enfermedad, aceptó la encomienda por deber patriótico y sentido de la lealtad, pero se vio solo en la misión, sin apoyos representativos, recelosos los partidos tras haber sido condenados al ostracismo durante el régimen dictatorial. Formalmente, la llegada de Primo de Rivera al poder no supuso la derogación de la Constitución de 1876; se dijo que quedaba suspendido su ejercicio y vigencia durante un corto periodo de tiempo, que a la postre fueron siete largos años, toda una eternidad para los defensores de las libertades, monárquicos o no, que veían al rey desligado de la realidad nacional, complacido con su Mussolini particular, que lo liberaba de las responsabilidades inherentes a las funciones de un monarca constitucional.

Berenguer asumió el reto de formar un gobierno que alguien calificó más parecido a una tertulia palatina que a un gabinete, y al que no logró sumar representantes significados de los partidos políticos. Era su deseo retornar a las prácticas democráticas que la dictadura había suspendido y, una vez que los partidos hubieran tenido tiempo de reorganizarse dentro de la legalidad, proceder a unas elecciones generales. Pero sus buenos propósitos pronto chocaron con la realidad. El borrón y cuenta nueva no pudo ser. Lo expresó Miguel Maura al declararse republicano: que pretender resucitar en 1930 la Constitución de 1876 era, además de una insigne torpeza, un sarcasmo que el país no podía perdonar. Hasta Romanones manifestó sibilinamente que el de Berenguer era un gobierno crepuscular, sentenciándolo al descrédito.

El desprestigio del rey, además, crecía por momentos al empeñarse este en convencer al pueblo de que nada había tenido que ver con la implantación de la dictadura de Primo de Rivera, con la que tan cómodo se le había sentido. Al regresar del destierro, Unamuno resumió su reproche con palabras que encontraron un amplio eco: «Dios, patria y ley». Y así, al final, la estrella de Berenguer no tardó en apagarse; su gobierno fue tachado de «dictablanda» y acusado de regatear y ralentizar la reparación de los atropellos de Primo de Rivera. El decreto de convocatoria de Cortes Generales se publicó en la *Gaceta de Madrid*, pero los comicios no llegarían a celebrarse, ante el rechazo de las fuerzas políticas de uno y otro signo.

En estas reflexiones se halla sumido el general hasta que, pasada la media hora, aparece de nuevo el jefe de servicio.

—Mi general, el presidente del Gobierno desea hablar con usted por la línea directa de su despacho.

Berenguer se levanta de la silla y se encamina hacia el despacho oficial con la mayor presteza que su cuerpo pesado y enfermo le permite.

—¿Qué sabemos del general Despujols? —pregunta al jefe de servicio mientras recorren el pasillo.

—No hay forma de contactar con la Capitanía General. Hay problemas con la línea telefónica —informa el ayudante.

—Pues, vaya usted al gabinete telegráfico y trate de conseguir comunicación con Barcelona.

—A la orden, mi general.

Berenguer, ya tras la mesa, se apoya en el respaldo del sillón y descuelga el teléfono.

—General, necesito que acuda con urgencia al Ministerio de la Gobernación —le dice el presidente, en tono desasosegado y nervioso.

—¿Qué ocurre?

—Ha ocurrido algo extraordinario y es importante que hablemos.

—Si se refiere a lo de Barcelona, estoy tratando de localizar al general Despujols.

—No, no. No es eso. Es mucho más grave —dice Aznar, sofocado—. No puedo hablar de ello por teléfono. Venga usted inmediatamente.

—Bien, voy en seguida. Estoy de paisano. Tardaré en salir solo el tiempo preciso para ponerme el uniforme. Entiendo que, de Gobernación, iremos directos al palacio —dice, en relación a la sesión del Consejo de Ministros que hay convocada para las cinco de esa tarde en el Palacio Real.

—La cosa es urgente y grave. Acuda como esté.

Berenguer cuelga el auricular preguntándose qué extraordinario suceso puede inquietar más al presidente del Gobierno que la proclamación de la república en Cataluña. En esas está cuando reaparece el jefe de servicio.

—Mi general, acaban de izar la bandera republicana en el Palacio de Comunicaciones. Lo hemos visto desde los balcones de la Secretaría.

Berenguer se precipita con su torpe caminar hacia uno de los ventanales. Corre el visillo y se asombra al descubrir la bandera tricolor ondeando sobre el edificio, ante una multitud que lanza vivas a la república y aplaude a los funcionarios del servicio de correos que ocupan los balcones de la fachada. Se fija en que en la plaza de Cibeles hay estacionado un retén de la Guardia Civil que asiste a la escena impasible, sin intención de actuar.

—Ver para creer… —dice, a media voz.

El automóvil del ministro consigue avanzar a duras penas, atrapado entre los ríos de gente que se desplazan en la misma dirección, hacia la Puerta del Sol. Los distintivos oficiales despiertan la curiosidad en algunos de los transeúntes, que observan a través de las ventanillas con el fin de averiguar la identidad de su ocupante. Hay miradas de recelo, pero no de hostilidad, y Berenguer, acompañado de su jefe de servicio, llega al Ministerio de la Gobernación sin incidentes.

El presidente lo espera a solas en el salón de retratos. Para no ser un hombre de emociones, se le nota imbuido de un hondo abatimiento y gran turbación.

—¿Qué ocurre? —pregunta Berenguer, en cuanto lo tiene delante.

Retorciéndose las manos, responde Aznar con voz temblorosa y palabras entrecortadas:

—Romanones ha tenido una entrevista con el comité revolucionario en la que ha pactado la entrega de poderes para hoy mismo, a las seis. Ha informado de ello al rey, que se ha mostrado conforme. Saldrá de Madrid esta misma noche.

La sorpresa, para Berenguer, es mayúscula. Nada de lo que acaba de decirle el presidente se compadece con los propósitos que el rey les ha expuesto por la mañana. Si hay algo de cierto en ese nuevo plan, no comprende por qué no se ha informado a los ministros.

—¿Quién ha autorizado la reunión de Romanones con los revolucionarios? —pregunta.

—Yo solo sé que la cosa ya está pactada —responde Aznar, con los ojos velados—. A las seis tenemos que entregar los poderes. El rey está enterado y de acuerdo con ello.

Comienza a moverse de un lado para otro del salón, presa de intensas emociones. Se detiene de repente, mira a Berenguer y continúa:

—Romanones está tratando de conseguir un aplazamiento que dé tiempo a poder realizar con todos sus detalles el traspaso, pero parece que los republicanos no se muestran dispuestos a transigir.

—Me marcho ahora mismo a palacio para conocer la opinión del rey y lo que haya podido inducirlo a tomar esa determinación —dice Berenguer, resuelto.

—No, espere. Lo he hecho venir porque el conde, de acuerdo con los republicanos, me ha pedido que se declare el estado de guerra en Madrid para mantener el orden mientras se realiza el traspaso.

—¿Dónde está Romanones?

—Vendrá en seguida, en cuanto consiga hablar con el comité.

Berenguer piensa en el rey y su sentido patriótico; solo el acatamiento de la apasionada opinión pública, que en esos momentos le es adversa, puede explicar una decisión tan drástica como es su separación de España.

—No sé nada más de lo que le he contado —prosigue Aznar, encogiendo los hombros—. El rey se marchará a Cartagena y desde allí embarcará para Francia en un crucero que ya se ha dado orden de preparar.

—¿Quién responde de la seguridad del viaje?

—Ese dichoso comité que se arroga las funciones de Gobierno provisional —contesta Aznar, con temblor en la voz—. Y Romanones, que asegura hacerse solidario de ello.

—No me explico el súbito cambio de propósitos desde por la mañana.

—Tampoco yo. Pero el rey está conforme —reitera Aznar.

El presidente se aproxima al balcón. Las calles adyacentes vomitan cantidades ingentes de personas de cualquier clase y condición. Todas ellas desembocan en la Puerta del Sol, en una manifestación descomunal que la fuerza pública consiente sin ningún amago de represión. Los gritos se escuchan cada vez con mayor fuerza en el interior del ministerio.

—Qué triste papel el que me asigna la Historia —se lamenta Aznar, como para sí, ajeno a la presencia de Berenguer—. Ser recordado como el enterrador de la monarquía... ¿Y para esto dejé mi retiro? ¿Para esto me vine de Cartagena?

Aznar no desea seguir hablando. Baja la cabeza y se abstrae en sus pensamientos. Por su fisonomía de infeliz y su sonrisa bonachona, se dice de él que más bien parece un portero de ministerio o un bedel de instituto. Berenguer repara en ello mientras lo observa con lástima. Debió haberse quedado en Cartagena, se dice el general.

Pasados unos minutos, entra en el salón Romanones, con gesto de preocupación.

—¿Qué hay de cierto en lo que me acaba de informar el presidente? —lo interroga Berenguer—. ¿Por qué el cambio de los propósitos anunciados esta mañana?

—¿Por qué todo esto? —contesta Romanones—. Pues, ya lo ve usted, mi general. Nos desbordan y hay que actuar con rapidez. Mire usted —prosigue, con gesto airado. Lo conduce a uno de los balcones y, de forma atropellada, añade—: Vea usted ese entusiasmo, ese delirio... ¡y por nosotros, nada! Hay que decidirse; si no, yo no sé lo que pasaría... Los he visto. Quieren que se entregue el poder esta misma tarde, a las seis. Dicen que las masas están ya enteradas de la marcha del rey y cada vez más enardecidas, y que de no poder ellos encauzarlas con urgencia tampoco podrán responder de lo que ocurriera. Yo les digo que no hay tiempo material para ello. Que el rey saldrá de todos modos esta misma noche. Pero no hacen caso.

—¿Y quién garantiza todo esto? —pregunta Berenguer.

—Yo mismo. —Romanones se propina un fuerte golpe en el pecho.

Berenguer no puede resistirse a censurar a Romanones por haber actuado sin contar con el beneplácito de los demás ministros.

—Señor conde —dice—, creo sinceramente que ha sucumbido usted a la impresión abrumadora de los acontecimientos y a la coacción de esos tratos entablados con el adversario. Esa gestión ha dado lugar a que el pueblo crea la marcha del rey y se haya lanzado por ello a la calle.

Romanones desprecia con una mueca la observación de Berenguer.

—La torpeza de su acusación se evidencia con solo recordar que el pueblo se lanzó ayer a la calle, antes incluso de que mi entrevista con Alcalá-Zamora estuviera programada. Cuando, esta tarde, por encargo del rey, he flameado la bandera blanca en casa del doctor Marañón, todo había terminado, y de la monarquía solo quedaba una cosa: el recuerdo.

—Caballeros, déjenlo —tercia el presidente—. Para qué llorar por la leche derramada.

Berenguer sabe que Aznar tiene razón; no es hora de reproches.

—El comité —explica Romanones— quiere que se declare el estado de guerra en Madrid para mantener el orden público y evitar que los maleantes se aprovechen de estos momentos de confusión y desorden y cometan tropelías.

—La medida llega tarde. Ni el estado de guerra ni la suspensión de garantías se declararon cuando lo pidió con insistencia el ministro de la Gobernación —señala Berenguer.

—Entonces hay que hacerlo ahora —dice Romanones.

—No es posible que el estado de guerra surta efecto en tan breve plazo —repone Berenguer—. El bando requiere de instrucciones especiales para un caso tan excepcional como este. Lo más que puedo hacer es pedir a Capitanía General que envíen un oficial de Estado Mayor para dárselas.

—Hágalo urgentemente —ordena Romanones, con visible excitación—. El comité apremia la entrada del estado de guerra para contener a las masas que parecen desbordadas. He intentado contactar con Alcalá-Zamora, sin éxito, en vista de lo cual he enviado a José Lladó —dice, en referencia a un diputado de su facción liberal—. Vive cerca de donde se hallan reunidos los miembros del comité, y le he pedido que los convenza de que las cosas no pueden marchar con tanta rapidez. Espero, de un momento a otro, el resultado de la gestión.

Berenguer acude a la puerta y, allí, ordena al jefe de servicio que requiera a Capitanía General la presencia de un oficial para transmitirle instrucciones urgentes.

Aznar, Romanones y Berenguer permanecen en el salón sin decir nada. De vez en cuando se detienen ante los ventanales, sin acabar de creer la imagen que se les ofrece. La Puerta del Sol es un clamor. Hay enjambres de personas encaramadas a balcones y farolas, y grupos que ocupan las techumbres de las salidas del metro. No cesa la explosión de alegría y hervor; los vivas y aplausos atronadores, los pañuelos rojos y cánticos revoltosos; es el empuje festivo y popular del espíritu de la revolución, que llega en forma de avalancha a las mismas puertas del ministerio, en espera de que alguien oficialice el triunfo de la república.

—¡Qué entusiasmo! ¡Qué lástima! —dice Romanones, contemplando descorazonado el espectáculo.

Parece que hubiera transcurrido una eternidad hasta que se presenta un joven oficial de Estado Mayor. El propio Romanones se apresura a dictarle el bando para la declaración del estado de guerra, que el militar anota en una libreta para su posterior transcripción.

El conde se sienta entonces en una butaca. Su expresión es sombría y de gran inquietud. Cada pocos minutos consulta el reloj y golpea el suelo repetidamente con su bastón. No se sabe nada del emisario que ha mandado a los republicanos, y se aproxima la hora de acudir al Palacio Real para el que parece ser el último Consejo de Ministros de la monarquía.

Se abre la puerta, pero no es Lladó quien aparece, sino el ministro de la Gobernación.

—Los gobernadores me dicen que les llegan por teléfono y telégrafo noticias de la proclamación de la república en Madrid. He tenido que negárselo con rotundidad a varios de ellos —informa Hoyos.

Ninguno de los presentes es capaz de sostenerle la mirada. En su aspecto decaído no hay nada que confirme el desmentido a los gobernadores provinciales. Nadie puede impedir que esa noche España se acueste republicana.

—Deberíamos irnos ahora que aún es posible —sugiere Hoyos—. En unos minutos el edificio quedará rodeado por completo.

—Aguardo noticias de José Lladó —explica Romanones—. Ha ido a ver de mi parte a Alcalá-Zamora para pedirle calma, al menos hasta que se celebre el Consejo.

Son casi las cinco de la tarde; no es posible esperar más. Romanones urge al subsecretario de la Gobernación a enviar a Lladó al Palacio Real en cuanto este tenga a bien telefonear o se persone en el ministerio.

Los ministros salen con discreción por la puerta lateral que da a la calle Correos. Aznar y Berenguer montan en un vehículo, seguidos de sus ayudantes. Romanones y Hoyos viajan en otro coche. Dan un rodeo hasta enfilar la plaza de Oriente, que se mantiene despejada por varias parejas de la Guardia Civil a caballo y por un escuadrón de húsares.

Al llegar a palacio, Berenguer recibe el aviso de que, tras dos horas de intentos frustrados, se ha logrado establecer al fin comunicación telefónica con el capitán general de Cataluña.

—¿Qué hay de cierto en las noticias que nos llegan de Barcelona? —pregunta, en cuanto descuelga el auricular en la estancia que le habilitan para la conferencia.

—Mi general, puedo confirmarle que en torno a la una de la tarde los seguidores de Macià han tomado el ayuntamiento y obligado al alcalde a entregar la vara de mando a los concejales electos de su grupo, que han nombrado a don Luis Companys como nuevo alcalde —dice el general Despujols, con dificultad para hacerse oír por encima del barullo de fondo.

—¿Ha habido violencia?

—Coacción, más bien. El alcalde ha titubeado ante el requerimiento de los asaltantes, hasta convencerse de que cualquier empeño en contra resultaría inútil. Ha sido invitado a dejar el consistorio y se ha marchado junto a algunos concejales regionalistas.

—Bien, pero ¿es verdad que han proclamado la república?

—En realidad, lo que ha proclamado el señor Macià es la República Catalana como Estado integrante de la Federación Ibérica.

—¿Cómo dice?

—Que Macià ha salido al balcón y, ante una gran muchedumbre, ha proclamado un Estado catalán que se confederaría con todo cariño, según ha dicho, con las demás Repúblicas de España. Esas han sido más o menos sus palabras. ¡Ah! —añade Despujols—, y ha advertido de que ahora que tomaba posesión del Gobierno de Cataluña, de allí no los sacarían más que muertos.

—¿Y qué hay de las autoridades civiles?

—Ninguna de ellas ha pedido el auxilio de la Guardia Civil ni del Ejército. Por lo que acabo de saber, los manifestantes también han ocupado el Gobierno Civil.

—¿Dónde se encuentra usted?

—Ahora mismo estoy en el edificio de la Capitanía General, rodeado de manifestantes que no paran de dar gritos; que si «*visca en* Macià», que si «*mori en* Cambó». También dicen algunas lindezas dirigidas a usted, mi general, que prefiero no repetir.

—Escuche —Berenguer obvia el último comentario—, en Madrid se va a declarar el estado de guerra para mantener el orden. En este momento se reúne el Consejo de Ministros para adoptar los acuerdos que procedan. En cuanto haya terminado, lo llamaré para rendirle cuenta de lo que se acuerde.

—Quedo a la espera, mi general.

CAPÍTULO 12

RENDICIÓN

El presidente, acompañado de Romanones y de Hoyos, hace entrada en el salón de consejos, donde ya se encuentran los demás ministros sentados alrededor de la mesa de reuniones, con caras serias y en un ambiente de tenso silencio. Cuando está el Gobierno en pleno, a falta tan solo de Berenguer, en conferencia telefónica con Barcelona, un oficial anuncia la presencia del rey, que es recibido por los ministros puestos en pie. El monarca les pide con un gesto que vuelvan a sus asientos.

Aun no siendo el rey persona que se deje llevar por las emociones, sorprende a todos los presentes el estado de ánimo del que hace gala en el desafío que afronta. Sabe que se acerca el desenlace de la tragedia, pero no hay en él señal alguna que denote ansiedad o temor. Se le ve, por el contrario, con la convicción de quien ha adoptado una decisión tras agotar todas las opciones disponibles.

—Acabo de tener una reunión con Sánchez Guerra, Álvarez y Villanueva; han rechazado mi propuesta para formar gobierno —informa el rey.

—Entonces, con gran dolor de corazón, debo aconsejar a Vuestra Majestad que salga de España inmediatamente —sugiere Romanones.

—Sí, eso es lo que voy a hacer —asiente el rey—. Dada la imposibilidad de constituir un Gobierno que conduzca al país a unas elecciones generales, que era mi pretensión por entenderla la única salida factible a esta crisis, he decidido abandonar España.

El rey dicta su fallo con gran aplomo. Es De la Cierva el primero en hablar:

—Pido perdón a Vuestra Majestad por la vehemencia patriótica de mi expresión —dice—, pero insisto, con toda energía, en cuanto le he expuesto esta mañana. Protesto, señor, de que haga tal cosa porque se habrá de estimar siempre como una deslealtad a España. Si no ha podido formar otro Gobierno, nosotros tenemos el deber, ante nuestra conciencia y ante la patria, de defender a la monarquía, como hemos jurado. Yo, desde luego, estoy resuelto a hacerlo sin vacilaciones.

—No quiero que por mí se derrame una sola gota de sangre —dice el rey.

—Señor —repone De la Cierva—, entienda que si nos abandona se verterá mucha sangre y muchas lágrimas por los fieles españoles, que no podrán comprender que de tal manera les dejara indefensos.

Nadie, ni siquiera el conservador Bugallal, se anima a secundar las palabras de De la Cierva, que interpela a sus compañeros de gabinete:

—Pregunto a los demás ministros si acaso creen que el Gobierno tiene facultades legales y morales para aconsejar y autorizar que el rey abandone el trono, como se propone hacer.

—Es fatal hacerlo, para evitar males mayores —responde Romanones.

Al entrar Berenguer en el salón de consejos, percibe la solemne y abrumadora tristeza de la reunión. Deduce que la iniciativa regia para formar un Gobierno que consulte al país, motivo que había dado lugar a la sesión del Consejo, ha quedado definitivamente desechada.

—Señores —dice Berenguer, tras dejarse caer abatido en el asiento—, acabo de saber que se han producido alteraciones del orden en Barcelona. Los revolucionarios han tomado el ayuntamiento y la diputación, y acto seguido han proclamado la república.

En ese punto de la reunión, se presenta un ayudante del rey con un recado urgente para Romanones. Su emisario, José Lladó, tras verse con Alcalá-Zamora, ha acudido al Palacio Real. En entrevista con el duque de Miranda, mayordomo mayor del rey, le ha pedido que transmita al conde que el comité revolucionario no ha accedido a ampliar el plazo acordado y que, si no se entregan los poderes a la hora y en la forma convenida, no podrá responder de lo pactado, pues el pueblo está en la calle y él no dispone de medios para encauzarlo.

Romanones informa a los asistentes del contenido de la nota.

—El señor Alcalá-Zamora acaba de anunciar que, si antes de las seis de la tarde no se entrega el poder a los republicanos, no responde de nada de lo que ha ofrecido —dice.

El apremio de la revolución accede al Consejo de Ministros, reunido con el rey. La noticia no sorprende a Aznar, Berenguer y Hoyos, que han conocido en el edificio de la Gobernación las gestiones que Romanones ha realizado con el comité revolucionario, pero siembra el desconcierto entre los demás ministros, que se sumen en un silencio embarazoso, roto solo por el estallido de De la Cierva.

—¿Pero es que acaso se ha pactado la entrega de la monarquía y el advenimiento pacífico de la república? —pregunta, con manifiesta excitación.

—Sí —contesta Romanones, enérgico—. He tenido con Alcalá-Zamora una entrevista y, para salvar la vida del rey y de la familia real, se ha convenido en entregar el poder esta tarde y que el rey salga de manera inmediata para el extranjero.

—¡La vida del rey para nosotros es sagrada, pero España necesita del sacrificio de todos! —De la Cierva aumenta la vehemencia de su protesta—. Nosotros deberíamos sacrificar nuestras vidas si fuera necesario. ¿Cómo es posible que sin contar con todos los ministros, porque yo soy uno de ellos y nada se me dijo, ni conocí esos manejos y conversaciones, se haya pactado la entrega de la monarquía a cambio de un seguro para el rey? ¿Y quiénes somos nosotros para disponer de la institución secular española, sin que España tenga parte en la transacción y ni siquiera se tenga con todos los ministros la lealtad debida?

Romanones se incomoda de forma visible al sentir las miradas inquisidoras de sus compañeros de gabinete fijas en él, ante lo cual opta por escurrir el bulto y trasladar la responsabilidad de sus actos a los ministros de Guerra y Gobernación.

—Solo el Ejército y la Guardia Civil pueden contestar a esto... ¿Qué dicen los ministros? —pregunta.

Berenguer queda estupefacto.

—El Ejército está en su puesto —responde, categórico—. En ningún momento he expresado dificultades para su empleo ni desconfianza respecto a su lealtad. Ese ha sido mi esfuerzo permanente desde que me hice cargo del Gobierno. El Ejército está a las órdenes del mando, como el mando lo está a las órdenes del Gobierno, manteniendo la estabilidad, las garantías y el régimen. Me asombra que, después de todo lo que se ha hecho hasta llegar a esta situación absurda, y me refiero con ello a esas gestiones incautas que se han llevado a cabo a mediodía sin el conocimiento del presidente del Gobierno ni de la mayoría de los ministros, que, como yo, las ignoraban, se acuerde usted ahora de que el Ejército existe.

Hace una breve pausa y, mirando con fijeza a Romanones, añade:

—Pero le diré algo que me parece inaudito, y es que usted me pregunte ahora por el Ejército, cuando hace poco más de una hora, y conchabado con el comité revolucionario, me ha pedido que declarase el estado de guerra para garantizar el traspaso de poderes con ellos tratado; declaración redactada con las órdenes que usted mismo ha dictado.

Alfonso asiste impávido a la discusión de sus consejeros. En la hora de los reproches y las recriminaciones que cruzan unos y otros, las voces resuenan cada vez más distantes en su interior, hasta resultar apenas audibles.

—¿Qué opina usted? —pregunta De la Cierva al ministro de la Gobernación.

Hoyos medita su respuesta y dice:

—Todos ustedes saben que desde la noche del domingo he perseguido la suspensión de garantías para mantener el orden, a fin de que Su Majestad pudiera decidir sin coacción lo que creyera más oportuno. Sin embargo, en el momento a que hemos llegado, considero inútil y perjudicial todo intento de que el rey haga cosa distinta a la que ha expresado.

—¿No cree entonces que se deba resistir? —insiste De la Cierva.

—Inducir a Su Majestad a emplear la fuerza es, a mi juicio, un alarde tan insincero como falaz —responde Hoyos. Mira de soslayo al rey, que permanece en silencio—. Lo expone, además, a que, con las máximas posibilidades de que así ocurra, tenga que abandonar el trono obligado por la fuerza material, y quién sabe si personalmente sometido o en manos de sus enemigos. El propio director de la Guardia Civil está comprometido con el comité revolucionario.

—¿Es eso cierto? —pregunta De la Cierva, sorprendido.

—Lo es —contesta el ministro de la Gobernación—. El general Sanjurjo ha declarado que la Guardia Civil reconoce la soberanía nacional y se pone al servicio del Gobierno provisional de la república, así como los oficiales y jefes del cuerpo de Seguridad. Por eso, a la pregunta de si creo que se deba resistir, he de responder que no, y que no es aconsejable recurrir a la Guardia Civil, a la vista de la postura de quien la dirige.

—Pero ¿no vamos a defender al rey y a la monarquía? —pregunta De la Cierva.

—Desengáñese —interviene Romanones—. No existe medio alguno de resistencia.

—Por mi parte, señor —contesta Berenguer, dirigiéndose al monarca—, estoy dispuesto a hacer cuanto acuerden Vuestra Majestad y su Gobierno, aunque ahora haya de imponerse por la fuerza. Pero, en el punto en que estamos, sería peligroso o inútil pedir al Ejército que interviniera.

—Explíquese —requiere De la Cierva.

—Las desdichadas gestiones por todos conocidas han dado lugar a que el pueblo crea en la partida del rey y se haya lanzado a la calle, no en son de guerra, sino dando rienda suelta a expresiones multitudinarias de júbilo. Además, resulta sintomático que no se escuchen voces de otros sectores políticos que salgan en defensa del régimen. Por eso, el empleo de la fuerza para imponer la monarquía contra el desapego de una parte no precisamente pequeña de la opinión pública, legalmente expresada, podría dar lugar a un escenario peligroso para el rey y para la convivencia pacífica. La represión, fuera ya de su momento, surtiría seguramente el efecto contrario al pretendido.

—Pero ¿cuenta usted con la lealtad del Ejército o no? —pregunta De la Cierva.

—Ya he dicho que el Ejército está en su puesto, pero que las circunstancias en las que nos hemos visto envueltos, por la inhibición de unos y los desaciertos de otros, no aconsejan su intervención.

—Ahora me explico la circular que envió a los capitanes generales, ordenando la neutralidad militar en momentos como estos —reprocha De la Cierva.

—En ese telegrama tan solo se les indicaba que procediesen con serenidad y con la mirada puesta en España, y que contuvieran a las tropas dentro de la más absoluta disciplina. ¿Qué hay de punible en ello? —Berenguer alza la voz.

—Almirante Rivera, ¿defendería la Marina al rey? —pregunta entonces De la Cierva.

—Mi papel es mantener la disciplina de la Marina y no albergo dudas de su lealtad. Sin embargo, veo inútil todo esfuerzo sin contar con el Ejército y con la Guardia Civil, y siendo voluntad del rey no plantear batalla para evitar sangre. Estoy conforme con lo que ha dicho el general —responde el almirante.

Insiste De la Cierva:

—Dejen que les recuerde cómo han triunfado las revoluciones en otros países por falta de energía en la defensa de las instituciones atacadas. ¡Invoco el honor de los ministros!

Las miradas caen. Nadie responde a la petición de De la Cierva.

—Vuestra Majestad sabe que me he ofrecido para todo — dice este, y vuelve la vista al rey, que escucha sus palabras con paciencia—. Se lo he dicho esta misma mañana y lo reitero en este dramático momento por el que nos veremos sometidos al juicio severo de la historia. Solo la resistencia sin cortapisas en la defensa de la monarquía desbaratará los planes de los revolucionarios.

—Se lo repito: no existe medio alguno de resistencia — incide Romanones.

—Señor, aquí habría que mirar los calzoncillos de estos señores —exclama De la Cierva—. Me basto y me sobro para organizar un Gobierno que haga frente a la revolución.

El Rey alza la mano para poner fin a la disputa.

—La realidad es que los grandes núcleos de población se han declarado contra mí, y yo no voy a contestar a esa manifestación con violencia y derramando sangre española —dice.

—Pero, señor...

—Ya he tomado y expresado mi decisión y en ella me mantengo —interrumpe el rey—. No quiero resistir. Por mí, lo he dicho antes, no se verterá una gota de sangre. Si el bien de

España exige que me vaya, lo haré sin vacilaciones. No hay, pues, que hablar más de este asunto. Sé cuanto debo saber y mi resolución es inquebrantable. No me olvido de que nací rey y que lo soy... o que lo era. Pero hoy, por encima de todo, no olvido que soy español, y mi conducta se acompasará a mi amor a la patria.

De la Cierva se persuade de que toda réplica queda descartada tras oír esas palabras.

—Esta mañana solicité al duque de Maura que esbozase un manifiesto al país, del que le he trazado unas líneas generales —prosigue el rey—. La idea inicial era anunciar a los españoles mi propósito de ausentarme de España mientras hablase la nación por medio del sufragio que pretendía consultar el nuevo régimen de gobierno, convocando para ello Cortes Constituyentes. Sin embargo, debo dar carácter indefinido a mi marcha al mostrarse al fin inviable esa opción. Así, pues, el texto final dice lo siguiente. —Lee con voz firme—: «Las elecciones celebradas el domingo me revelan claramente que no tengo hoy el amor de mi pueblo. Mi conciencia dice que ese desvío no será definitivo, porque procuré siempre servir a España, puesto el único afán en el interés público, hasta en las más críticas coyunturas.

»Un rey puede equivocarse y, sin duda, erré yo alguna vez; pero sé bien que nuestra patria se mostró en todo momento generosa ante las culpas sin malicia.

»Soy el rey de todos los españoles y, también, un español. Hallaría medios sobrados para mantener mis regias prerrogativas, en eficaz forcejeo con quienes las combaten. Pero, resueltamente, quiero apartarme de cuanto sea lanzar a un compatriota contra otro, en fratricida guerra civil. No renuncio a ninguno de mis derechos, porque más que míos son depósito acumulado por la historia, de cuya custodia ha de pedirme, un día, rigurosa cuenta.

»Espero a conocer la auténtica y adecuada expresión de la conciencia colectiva y, mientras habla la nación, suspendo deliberadamente el ejercicio del poder real y me aparto de España, reconociéndola así como única señora de sus destinos.

»También ahora creo cumplir el deber que dicta mi amor a la patria. Pido a Dios que tan hondo como yo lo sientan y cumplan los demás españoles».

En efecto, el rey suprime del borrador del duque de Maura el encargo al Gobierno de una convocatoria a Cortes Constituyentes, para la que se ausentaba a la espera de conocer su decisión. Su marcha es, pues, definitiva. Y es así como firma el manifiesto y se lo entrega al presidente para que lo dé a conocer al pueblo.

Los asistentes se levantan en el más denso de los silencios. El rey se sitúa al lado del balcón, junto a la puerta de entrada a la sala, donde acostumbra a despedir a los ministros tras los consejos.

—Esta casa en que nací y que quizás no volveré a ver... —dice, con tristeza.

Los ministros se agrupan junto a él para el intercambio de unas últimas palabras antes de la despedida. Todos se sienten arrollados por una ola de sectarismo e incomprensión y se duelen de dejar al país hundido de nuevo en las sombras más oscuras.

—¿Por dónde ha de salir Vuestra Majestad? —pregunta uno de ellos.

—Se pensó en que viajase en automóvil a Francia, pasando la frontera por Navarra, pero parece más seguro hacerlo por

Cartagena —se anticipa a responder Romanones—. Allí le aguarda el crucero *Príncipe de Asturias*.

—Si Vuestra Majestad lo requiere —ofrece Hoyos—, cuente conmigo para acompañarlo hasta Cartagena.

—No —interviene, de nuevo, Romanones—. El ministro de la Gobernación ha de estar aquí para la entrega de los poderes. Es preferible que sea el ministro de la Marina quien lo escolte durante la travesía.

—Bien, viajaré entonces con don José —accede el rey, y, dirigiéndose a este, le dice—: Vaya a recoger su equipaje y esté de vuelta en palacio para las ocho y media.

Desde el balcón se escucha el griterío de una manifestación que desciende por la calle Mayor con dirección a la plaza de Oriente, a pesar de los servicios montados.

—¿Y la reina? ¿Y el príncipe y los infantes? ¿Es prudente su permanencia en palacio? —pregunta De la Cierva.

—Se quedarán en Madrid unos días para hacer sosegadamente los preparativos de la travesía y recoger los equipajes —dice Romanones, quien da muestras de tenerlo todo previsto.

—¿Crees que hay algún peligro? —le pregunta el rey, con expresión de intranquilidad.

—No, no lo hay.

—¿Cómo puede usted asegurarlo? —inquiere De la Cierva.

—Pueden quedarse, yo lo garantizo. Respondo con mi cabeza de que nada ha de ocurrirles —contesta el conde, dándose un fuerte golpe en el pecho, como ya hizo ante Berenguer esa misma tarde en el Ministerio de la Gobernación.

169

—Es una temeridad —dictamina De la Cierva, alarmado—. De salir el rey, su familia debe seguirlo al día siguiente, a lo sumo.

—La reina y los infantes están fuera de todo peligro —insiste Romanones—. El único interés del comité es la ausencia inmediata del rey. El odio revolucionario se centra en Su Majestad, no en su familia.

—Yo también considero un error prolongar su estancia —apunta Hoyos.

—Sí —zanja el rey—, es más sensato que salgan cuanto antes; mañana mejor que pasado.

—Muy bien —acepta Romanones—. En ese caso, hablaré con la reina para que emprenda el viaje mañana, en tren. Ordenaré que enganchen el vagón real en el rápido de Irún.

—A vuestro cuidado queda entonces el traslado de la reina y de mis hijos para que se haga en las mejores condiciones posibles.

—Descuide, señor. Me pondré en contacto con el doctor Marañón para organizar la partida con plenas garantías. Esté seguro de que la salida se hará sin menoscabo en personas ni en bienes.

El rey comienza a despedirse de los miembros de su último Gobierno.

—Señor, aún hay tiempo —tercia De la Cierva, en un último intento—. Autoríceme a constituir un Gobierno con elementos civiles y militares leales a la monarquía.

El rey lo abraza, diciendo:

—Muchas gracias, Juan. Ya es tarde. No me queda otra cosa que hacer.

—Pero, señor…

—Juan —lo interrumpe—, no me guardes rencor.

La fuerza pública tiene dificultades para contener el gentío que trata de invadir el espacio acordonado frente al palacio. Por el teléfono directo del rey, en presencia de este, Hoyos llama a Gobernación para que refuercen las medidas de seguridad en la plaza de Oriente. Pide hablar con el subsecretario Marfil, pero le atiende en su lugar un empleado de servicio.

—Oiga, ¿dónde está el subsecretario? —Hoyos eleva la voz para hacerse oír.

—Los señores que ya están aquí le han ordenado que se marche —responde el funcionario.

—¿A qué señores se refiere usted?

—A los miembros del comité revolucionario.

Hoyos, asombrado, repite estas palabras al rey, que permanece atento a la conversación. Es una realidad. El poder, sin necesidad de traspaso, está en manos de los revolucionarios, quienes, por la vía de los hechos, ocupan las sedes del Gobierno. La república se ha impuesto.

En la antecámara impera una gran excitación. Se agolpan militares de alto rango, aristócratas y grandes de España en un estado de desconcierto y nerviosismo. No tienen detalles de lo que sucede y se lanzan a interrogar a los ministros que salen del Consejo para deshacer su angustiosa incertidumbre. Brotan lágrimas de emoción en algunos rostros y hay quien rompe en sollozos cuando se conoce que el rey ha decidido deponer el trono.

—¡Me han dejado solo, completamente solo! —se lamenta De la Cierva, con ostensibles muestras de agitación.

Algunos de los presentes comienzan a increpar a Romanones por no haber defendido al rey y haberse preocupado más de acuciarlo para que huyera de Madrid.

—¡Usted siempre ha sido el mismo, un farsante y un traidor! ¡Y un judío capaz de vender a su padre! —le grita, con descaro, la consorte del marqués de Viana.

Descompuesto, el conde hace un gesto de desprecio y se apresura a abandonar la antecámara entre un murmullo de voces y un revuelo de indignación. El escándalo adquiere tal magnitud que un ayudante del rey se ve obligado a irrumpir en la sala para pedir que se guarde la compostura.

—Señores, Su Majestad está oyendo todo —explica.

Aparece el rey instantes después en el umbral de la estancia. De inmediato se ve rodeado de oficiales y cortesanos con los rostros pálidos y los ojos enrojecidos.

El general Cavalcanti, laureado militar, se abre paso y, tras hacer una reverencia, le dice:

—Señor, acabo de enterarme, aquí mismo, de lo que pasa, y quiero decir a Vuestra Majestad que el Ejército, o parte del Ejército, no puede tolerar lo que ocurre, y yo me ofrezco a Vuestra Majestad para ponerme al frente de las tropas que pueda reunir, que con seguridad serán más que suficientes para contrarrestar la situación.

—Prueba lo que has dicho —tercia Berenguer, en tono reprobatorio.

—Te lo agradezco mucho, Pepe —le dice el rey a Cavalcanti.

—Eso quiere decir, naturalmente, que acepta Vuestra Majestad mi ofrecimiento —dice el general, coreado a su alrededor por voces de súplica.

El rey hace un gesto negativo.

—Gracias de nuevo, Pepe, y gracias, señores, pero ya todo es inútil. Mi deber de conciencia es otro —dice.

Las súplicas se redoblan.

—Señor, ¿qué va a ser de nosotros? —pregunta alguien.

El rey se cuadra y alza la voz:

—Caballeros, en el momento de abandonar el palacio de mis mayores, en que nací y en que nacieron mis hijos, y donde siempre pensé en el bien de mi patria, no puedo decir más que estas palabras: ¡viva España!

Tras ello, hace una inclinación de cabeza y regresa a sus aposentos mientras escucha de fondo el rugido de una marea humana llegada sin obstáculos a las mismas puertas del palacio, y que sacia sus anhelos en un grito común: «¡Que se vaya! ¡Que se vaya!».

CAPÍTULO 13

Y, POR FIN, PUESTO EN LA FRONTERA

A solas en su dormitorio, el rey descuelga el crucifijo de la pared y lo introduce en un pequeño maletín junto a dos banderas, la nacional y la morada de su regimiento. Siente un gran desánimo mientras sus ojos se pasean por esa habitación llena de recuerdos y lo asalta la idea abrumadora de perder el sentido de su existencia. Su vida entera se ha orientado a un único fin; que para ceñir la corona, y nada más, lo concibieron y educaron. Allí mismo fue exhibido al nacer por Sagasta, quien lo mostró ceremoniosamente, sobre una bandeja de oro con un cojín de terciopelo rojo, ante los ojos de cortesanos y políticos, gozosos de comprobar que el hijo póstumo del rey tuberculoso era varón. Y allí mismo empezó su tragedia, precoronado con afán de popularidad y enclaustrado en ese alcázar de Madrid. Era su destino encarar un día la muerte en el lecho regio que ahora, sin embargo, debe abandonar para siempre.

Hace un esfuerzo por sobreponerse y regresa con paso firme a su despacho. En él lo espera Luis de Asúa y Campos, que aguarda las últimas instrucciones del monarca. Ha pasado casi una década desde que el rey lo nombró inspector general y aposentador de oficios de la casa real, cargo que Asúa ha sabido desempeñar con diligencia.

—Luis, organízalo todo para marcharme a las nueve.

—Sí, señor. Daré orden de preparar de inmediato las maletas —dice, cumplidor—. ¿Qué hay de la reina? —pregunta.

—La reina y mis hijos saldrán mañana. Ocúpate de acelerar los preparativos esta noche.

—Debemos asumir que la decisión de Vuestra Majestad es irrevocable —dice Asúa.

—Lo es, Luis. Tengo que demostrar que soy más demócrata que los que se tienen por tales. Solo me quedaba hacer lo que hago o provocar un acto de fuerza, y yo quiero demasiado a España para esto último.

—¿Entonces, señor, es así como ha de acabar todo? —pregunta Asúa, con la voz embargada por la emoción.

—Es inútil, no le des vueltas. Si me quedo aquí esta noche, tendré que llevar a cabo una represión, que en estas circunstancias supondría derramamiento de sangre, al cual yo soy incapaz de llegar, pues me tildarían de rey cruel y sanguinario. Así, de esta manera, quién sabe si algún día el pueblo reconocerá el sacrificio que realizo alejándome de España.

—Si me lo permite, he de decirle que encuentro injusta la situación, después de sus años de servicio y entrega a la patria. Los españoles no han podido comportarse con mayor ingratitud hacia Vuestra Majestad.

—No todos, Luis. Solo algunos de ellos.

—No sospechaba que la gravedad de los acontecimientos pudiera abocar a este desenlace. Siento mucho que las cosas terminen así. Todo el mundo en palacio lo lamenta.

—Lo sé y os lo agradezco —dice el rey. Tras una breve pausa, añade—: Una última cosa: quiero que te quedes aquí con el intendente general para entregar el palacio. ¡Ah!, y dile a Aybar, de mi parte, que abone al personal todo el mes.

Cuando se retira el inspector general, dedica Alfonso un rato a ordenar los papeles de su escritorio. En ello está cuando un ayudante le anuncia la llegada del doctor Aguilar.

—Florestán, no sabía si volveríamos a vernos. —El rey le estrecha la mano.

—No ha sido fácil venir. He tenido que cruzar una marea humana. Pensaba que no llegaría a tiempo, y no quería que Vuestra Majestad se fuera sin despedirme.

—Cruzar en este momento la plaza de Oriente para decirme adiós… Eres un valiente, además de un buen amigo.

El rey abre el balcón que da a la calle Bailén. Penetra en la estancia el clamor de la gente con su griterío, los bocinazos estridentes de los vehículos y la explosión de algunos petardos en la distancia. Permanece el monarca un rato tras las cortinas, sumido en sus pensamientos mientras observa con desilusión, a través de los cristales, la hostilidad de su pueblo.

—¿Quieres ver algo sorprendente? —dice de pronto, saliendo de su ensimismamiento.

Acude al escritorio y coge una antigua carpeta de hojas desgastadas por el tiempo.

—Cuando era un chaval, mi madre me animó a escribir un diario. Anotaba anécdotas de la vida en palacio, cosas que hacíamos durante los veraneos, en las travesías por el norte a bordo del *Giralda*, o cualquier cosa que me llamaba la atención en los viajes en familia.

Muestra a Aguilar la carpeta y la abre por una página que está señalada.

—El caso es que lo encontré de casualidad hace unos días —continúa, con ojos centelleantes—. Y mira, fíjate en lo que escribí a mis dieciséis años. Te leo: «En este año me encargaré de las riendas del Estado, acto de suma trascendencia tal y como están las cosas, porque de mí depende si ha de quedar en España la monarquía borbónica o la república. Porque yo me encuentro al país quebrantado por nuestras pasadas guerras, que anhela por un alguien que le saque de esa situación; la reforma social en favor de las clases necesitadas; el Ejército con una organización atrasada a los adelantos modernos; la Marina sin barcos; la bandera ultrajada; los gobernadores y alcaldes que no cumplen las leyes, etcétera.

»En fin, todos los servicios desorganizados y mal atendidos. Yo puedo ser un rey que se llene de gloria regenerando la patria, cuyo nombre pase a la historia como recuerdo imperecedero de su reinado; pero también puedo ser un rey que no gobierne, que sea gobernado por sus ministros y, por fin, puesto en la frontera».

Cierra la carpeta con expresión melancólica y vuelve a dejarla sobre la mesa.

—¿Has oído bien, Florestán? En el año de mi juramento, que no ha llovido casi nada desde entonces, siendo solo un muchacho, ya barruntaba la idea de que España pudiese acabar siendo republicana y yo... ¡un rey puesto en la frontera! ¿Qué te parece? —Esboza media sonrisa.

—Pues, me parece un vaticinio de lo más triste.

—Sí, hay que reconocer que lo es.

Se quedan los dos pensativos. El rey se sienta frente al escritorio, prende un cigarrillo y lanza una bocanada de humo que sigue con la vista hasta que esta desaparece en el aire.

—Doy por hecho que, a estas alturas, nada hay que pueda hacerle cambiar de opinión —dice Aguilar, al fin.

—Qué va, Florestán. Si yo salgo de España es para evitar una guerra civil. Tengo que irme para que no corra sangre en las calles. Me doy cuenta de que monárquicos y republicanos han concedido a las elecciones del domingo una importancia plebiscitaria sobre mi persona. Esa gente que oyes gritar ahí fuera con tanto fervor y ahínco es la que ha votado contra mí, más que a favor de la república. Por eso he resuelto irme.

—Al pasar por la antecámara he notado la pesadumbre en el ambiente. Me han comentado que no ha querido usted aceptar las invitaciones que le han hecho para resistir —dice Aguilar.

—Algunos querían que constituyera un gobierno de fuerza para mantener el orden público hasta celebrar unas elecciones a Cortes. Pero ¿cómo iba yo a hacer algo así? Contra el sufragio del pueblo no se puede defender a tiros la monarquía, igual que se reprime un foco de rebelión militar. Es preferible que salga yo de España respetando su voluntad, pero por la mía, que nadie tiene derecho a exigirme descender de mi trono mientras no haya unas Cortes Constituyentes libremente elegidas que proclamen la república. Puede que las elecciones municipales hayan expresado la voluntad de la nación, pero no deberíamos olvidar que su soberanía se ejerce a través del Parlamento.

—¿Y la abdicación? ¿No se aseguraría por esa vía la supervivencia del trono?

—Ya, pero aunque el Príncipe de Asturias estuviera en condiciones de ceñir la corona, y bien sabes que no lo está, tampoco creo que fuese fácil llevarlo a la práctica; no con este ambiente revolucionario que se presenta tan incompatible con el régimen monárquico. Por eso he buscado en vano una fórmula para resignar mis derechos al trono de España en unas Cortes Constituyentes. Pero, nada, ha sido imposible porque no he encontrado a quien quisiera secundarme.

El rey se interrumpe y aprieta los labios en señal de frustración.

—¿Puedo preguntarle algo? —dice Aguilar.

—Claro.

—¿No alberga ninguna duda sobre el acierto de su decisión?

El rey lo mira un instante.

—Si algo me ha hecho vacilar es la idea de que alguien pueda dudar de mi valentía al marcharme, pero por encima de esa consideración está mi deber, y el mayor sacrificio que puedo hacer por la paz de España —dice, en perfecta calma, y, con voz firme, agrega—: No soy un cobarde, Florestán.

—Eso, señor, está fuera de toda duda. Ha dado pruebas de valor en atentados y conflictos ante los que nunca se ha amilanado.

—En fin, quién sabe si con el tiempo quizás se entienda mi marcha de España como el acto más valeroso de mi vida.

—El tiempo dirá, señor. Ojalá que lo haga, y que sea pronto.

—En todo caso, lo único que deseo es que España viva una larga época de paz y progreso, aunque ello sea a costa de mi exilio.

El rey apaga el cigarro.

—Debo dejarte, tengo que ponerme en marcha —dice. Se levanta y sortea el escritorio para abrazar a su amigo—. Gracias por tu amistad de todos estos años. Y cuídate mucho.

Anochece cuando el rey desciende a la planta baja, donde se encuentra el dormitorio del Príncipe de Asturias, que se halla en compañía del doctor Elósegui y de algunos nobles. Pide que los dejen a solas y todos se retiran a la antecámara.

El joven está tendido en la cama con apariencia frágil y enfermiza. Luce pálido como pocas veces se le ha visto, los ojos enrojecidos y la frente perlada por el sudor.

—¿Cómo te encuentras? —le pregunta el rey, sentándose al borde de la cama.

—Cansado y dolorido y, a decir verdad, sin acabar de asimilar todo lo que está ocurriendo —responde el príncipe, con debilidad.

—Es normal, cuesta asimilarlo. El pueblo, o al menos una parte importante de él, ha sido injusto conmigo. Me han acusado, sin razón, de faltas que no he cometido.

—No merecías esto. Has sido bueno y dadivoso con todos, a veces más de lo que merecían. Al final nadie te lo ha agradecido y, lo que es peor, a la hora de la verdad, te han abandonado.

—Así es. Pero no pensemos en ello, hijo. Limitémonos a aceptarlo. Me cabe al menos la satisfacción de irme limpio de sangre y de violencia.

El príncipe baja la mirada, pesaroso.

—Siento tanto ser un inútil… —dice, con voz quejosa.

—No digas eso. No eres ningún inútil.

—Sí, ambos sabemos que lo soy. Ni siquiera puedo estar a tu lado o con mamá, aunque sea para compartir juntos la triste suerte que nos depara el destino. Lo más horrible y angustioso es la sensación de considerarme a mí mismo un lastre. Soy un estorbo desgraciado que a todos entorpece.

—Escúchame, hijo: lo importante ahora es que te dejes cuidar. No pienses en nada que no sea en tu recuperación. Mañana será un día difícil, pero el doctor Elósegui te acompañará durante el viaje. Cuando hayamos salido de España, te procuraré el mejor hospital de Europa. Está en Suiza. Ya me he puesto en contacto con ellos.

—Gracias, padre, pero no me quito de la cabeza la terrible inoportunidad de este ataque —se lamenta el joven—. ¿Sabes? Ese es el sino de mi vida. Soy el ser más involuntariamente inoportuno que hay en la faz de la Tierra.

—Deja de torturarte, Alfonso.

—Lo único que quisiera es ser de provecho, a ti y a España, sobre todo en estos momentos.

—Tendrás tiempo de serlo. Ahora hay que mantener la calma.

Una lágrima de impotencia se desliza por la mejilla del príncipe.

—¿De veras no podremos volver? ¿Es que no nos dejarán entrar en Madrid? —pregunta, entre afligido e incrédulo.

—Me temo que tendremos que esperar un tiempo para saber si los españoles nos echan en falta cuando no estemos.

—Mamá hace responsable a Romanones. Dice que te lo advirtió, que te previno de él, pero que a ti te era cómodo y te hacía gracia.

—Romanones no es el culpable de todos nuestros males.

—Ella dice que algún día te darás cuenta del daño que te ha hecho ese hombre —incide el príncipe.

—Bueno, dejemos a un lado las dotes proféticas de tu madre.

—Pero es verdad que Romanones evitó que De la Cierva fuese ministro de la Gobernación, en lugar de ese tonto de Hoyos. De haber estado De la Cierva al frente, es probable que esto no hubiese pasado. Él habría podido impedir la república.

—Déjalo ya —ataja el rey—. No hablemos de ello ahora.

—¿Sabías que ayer vieron a uno de los hijos de Romanones pasar en un coche descubierto por delante de palacio, dando gritos a favor de la república?

—No, no lo sabía. Pero no me parece algo a lo que haya que dar mayor importancia.

El rey esboza una sonrisa para disimular el tormento interior que le provoca la imagen desvalida de su primogénito.

—Padre, ¿tienes miedo?

—No, hijo. Miedo no. En la vida, el mayor de los peligros es el miedo.

—Pues, yo sí lo tengo. Y no puedo evitarlo. Cuando oigo los insultos y gritos amenazadores de esa gente al otro lado del muro…

—Por muy fuerte que griten, tú no te preocupes. No pasará nada.

—¿Es cierto que el palacio está rodeado?

—Aquí estáis a salvo. Yo soy la presa que quieren batir. En cuanto se sepa que he salido de Madrid, cesarán las protestas y todas esas gentes volverán tranquilamente a sus casas.

—¿Cuándo te vas?

—Ahora mismo. Saldré hacia Cartagena en cuanto llegue el almirante Rivera.

El rey besa la frente de su hijo.

—Nos veremos en unos días. Ahora intenta descansar.

En la planta superior, la servidumbre trajina por la galería con premura, arrastrando baúles y maletas en medio de una gran agitación.

La despedida con la reina es fría, como lo es su relación marital. El techo del palacio es lo bastante amplio para cobijar a ambos cónyuges con un mínimo contacto. No podían imaginar los españoles una muchacha más linda, delicada y espiritual, como la describió Azorín al cubrir el viaje a Inglaterra donde se conocieron, que aquella princesa con la que se acabaría casando el rey. Pero la vida no se lo ha puesto fácil. Hechizado por sus ojos claros y su cabello rubio, que caía en bucles sobre los hombros, el rey la aceptó, enamorado, a sabiendas de que podía ser portadora de la hemofilia, para luego culparla de haber introducido la desgracia en la familia. Cuando el infortunio arruinó la salud de sus hijos, el distanciamiento entre los esposos, avivado por las infidelidades a las que se entregó el marido, se hizo insalvable.

La reina llora ante una pesadilla hecha realidad. Teme compartir con sus hijos el mismo destino fatal que sus primos rusos, fusilados ante un pelotón revolucionario. El rey se afana en tranquilizarla. Le asegura una y otra vez que los españoles jamás harían algo así.

La última mirada del monarca es para el retrato de su madre. Le entristece la idea de no volver a llorarla frente a su lápida en El Escorial, donde acude a horas intempestivas para sentirla cerca y buscar los consejos que le daba. Le queda al menos el consuelo de que no haya vivido la reina María

Cristina el derrumbe del trono que durante años preservó, ni asista al exilio patético y precipitado de su adorado hijo.

El ministro Rivera se presenta con retraso. Madrid está intransitable y su chófer ha tenido que dar un largo rodeo para evitar los atascos hasta llegar a palacio.

El rey lo espera en un pasillo con el sombrero puesto.

—Vamos, don José —lo apremia.

Descienden en ascensor a la planta que comunica con la puerta de incógnito, por donde se sale al Campo de Moro. Aguardan allí empleados de caballerizas, servidores de palacio y alabarderos con uniforme de gala, que lanzan vítores inoportunos y se apresuran a rodear al rey, unos suplicándole entre sollozos que no los deje y otros, rogando su pronto retorno.

—Calma, señores, y cordura —les pide el rey, al pie del automóvil.

Tras estas palabras, el vehículo se pierde a gran velocidad entre las sombras de los jardines de palacio, camino del destierro, mientras en la plaza de Oriente la multitud ruge:

Que no se ha marchao,
que lo hemos echao.
Que no se ha ido,
que lo hemos barrido.

EPÍLOGO

El rey llegó al arsenal militar de Cartagena pasadas las cuatro de la mañana. La comitiva atravesó Aranjuez y otros pueblos que prorrumpían en gritos y vivas a la república. No hubo incidentes reseñables durante el trayecto nocturno en coche.

Hasta que embarcó en el buque *Príncipe de Asturias*, no supo Alfonso que el destino era Marsella. Al zarpar, pidió subir al puente alto, donde permaneció durante la salida para ver España por última vez. La mayor parte del tiempo que duró la travesía se refugió en el camarote. Escribió sendas alocuciones de despedida dirigidas al Ejército y a la Marina, que entregó al almirante Rivera para su posterior publicación en la prensa, lo que no sería autorizado por el nuevo Gobierno de la república, al no considerarlo oportuno.

El comandante recibió por radio la orden de izar la bandera republicana con honores de ordenanza en cuanto el rey hubiere desembarcado y el barco saliera de aguas jurisdiccionales francesas. Se le instruyó también para retirar los retratos de la familia real y los símbolos de la monarquía.

El 16 de abril de 1931, a las cinco y media de la madrugada, el crucero fondeó en el puerto de Marsella. El rey se despidió de los oficiales, con la tripulación formada en sus puestos y la guardia presentando armas. Descendió a un bote al toque de corneta, que no cesó hasta perderse en la bruma del amanecer.

Fue desembarcado en un muelle de carga donde nadie lo esperaba.

*****

El reinado de Alfonso XIII fue uno de los más largos de la historia de España: casi cuarenta y cinco años, entre 1886 y 1931, si se incluye el periodo en que su madre, la reina María Cristina, desempeñó la regencia. En 1902, a la edad de dieciséis años, Alfonso XIII juró la Constitución de 1876 en el salón de sesiones del Congreso de los Diputados.

El 28 de febrero de 1941, tras diez años de exilio, murió en el Gran Hotel de Roma.

En 1980, instaurada la democracia y devueltas las libertades al pueblo español, sus restos mortales fueron repatriados a España a bordo de la fragata *Asturias*, que arribó al arsenal militar de Cartagena, desde donde Alfonso XIII había partido para el exilio casi medio siglo antes. Tras el funeral presidido por los, a la sazón, reyes de España, don Juan Carlos I y doña Sofía, recibió definitiva sepultura el 19 de enero de 1980 en el panteón real del monasterio de San Lorenzo de El Escorial.

ANEXO I

RELACIÓN DE PERSONAJES PRINCIPALES

Álvaro Figueroa y Torres (conde de Romanones)

Madrid, 9 de agosto de 1863 - Madrid, 11 de septiembre de 1950.

Perteneciente al Partido Liberal, fue alcalde de Madrid, presidente del Senado y del Congreso de los Diputados, ministro en distintas ocasiones y presidente del Consejo de Ministros en tres ocasiones. Conservó su acta como diputado por Guadalajara entre 1886 y 1923. Desempeñó el cargo de ministro de Estado en el último gobierno de la monarquía. Tras la marcha del rey Alfonso XIII, fue elegido diputado por Guadalajara en las Cortes republicanas entre 1931 y 1936. Destacó por su encendida defensa del monarca durante el juicio político al que lo sometieron las Cortes por su implicación en el golpe de Estado de 1923.

José María de Hoyos y Vinent (marqués de Hoyos)

Madrid, 15 de mayo de 1874 - Madrid, 1 de abril de 1959.

Militar. Alcalde de Madrid y ministro de la Gobernación en el último gobierno de la monarquía.

Dámaso Berenguer (conde de Xauen)

San Juan de los Remedios (Cuba), 4 de agosto de 1873 - Madrid, 19 de mayo de 1953.

General de división, fue alto comisario de España en Marruecos, donde logró la conquista de Xauen en 1920, lo que le valió el título nobiliario que le concedió el rey. Sin embargo, un año más tarde se le hizo responsable del desastre de Annual, por el que fue procesado y cesado del servicio hasta su rehabilitación tras el golpe de Estado de Primo de Rivera en 1923. Entre enero de 1930 y febrero de 1931 presidió el gobierno conocido como la «dictablanda» y fue ministro de Guerra en el último gabinete de la monarquía. Tras llegar la II República, fue encarcelado por su participación en la dictadura.

Juan de la Cierva y Peñafiel

Mula (Murcia), 11 de marzo de 1864 - Madrid, 11 de enero de 1938.

Abogado. Diputado a Cortes por Murcia entre 1896 y 1923, fue un miembro destacado del Partido Conservador y ocupó distintas carteras ministeriales entre 1904 y 1931. En el último gabinete de la monarquía, fue ministro de Fomento. Tras la caída del régimen, se exilió en Biarritz. El estallido de la Guerra Civil lo sorprendió en Madrid, donde se refugió en la embajada de Noruega. Fue el padre de Juan de la Cierva y Codorniú, inventor del autogiro, y abuelo de Ricardo de la Cierva y Hoces, senador constituyente, diputado por Murcia y ministro de Cultura bajo la presidencia de Adolfo Suárez en el gobierno de la UCD.

Gabriel Maura Gamazo (duque de Maura)

Madrid, 25 de enero de 1879 - Madrid, 29 de enero de 1963.

Historiador. Hijo de quien fue presidente del Consejo de Ministros, Antonio Maura, fue también diputado, senador y ministro de Trabajo y Previsión en el último gobierno de Alfonso XIII. Era miembro del Partido Conservador, si bien en los meses finales de la monarquía fundó el partido Centro junto a Francisco Cambó.

Gabino Bugallal Araújo (conde de Bugallal)

Puenteareas (Pontevedra), 19 de febrero de 1861 - París, 31 de mayo de 1932.

Abogado. Miembro del Partido Conservador, en su ala más dura, llegó a apoyar la ley de fugas. Diputado por Pontevedra, ocupó varias carteras ministeriales bajo el reinado de Alfonso XIII, y asumió la presidencia del gobierno durante los cuatro días posteriores al asesinato de Eduardo Dato en 1921. Ministro de Economía en el último Consejo de la monarquía. Se exilió en Francia tras la proclamación de la II República.

Manuel García Prieto (marqués de Alhucemas)

Astorga (León), 5 de noviembre de 1859 - San Sebastián, 8 de marzo de 1938.

Abogado. Miembro del Partido Liberal. Senador, diputado, ministro y, en cuatro ocasiones, presidente del Consejo de Ministros, ocupó también ese cargo de forma interina tras el asesinato de José Canalejas. Ministro de Gracia y Justicia en el gabinete previo a la II República.

Juan Bautista Aznar

La Coruña, 5 de septiembre de 1860 - Madrid, 19 de febrero de 1933.

Almirante de la Armada española. Siendo ministro de Marina en 1923, se opuso al golpe de Estado de Primo de Rivera. Fue presidente del Gobierno entre el 18 de febrero y el 14 de abril de 1931.

José Sanjurjo Sacanell (marqués del Rif)

Pamplona, 28 de marzo de 1872 - Cascaes (Portugal), 20 de julio de 1936.

Militar. Alto comisario de España en Marruecos. En 1928, fue nombrado director general de la Guardia Civil. En 1931, Alfonso XIII le otorgó la gran cruz de la Orden de Carlos III. Paradójicamente, tras ponerse a disposición de los republicanos en los días posteriores a las elecciones municipales del 12 de abril de 1931, se rebeló contra la República el 10 de agosto de 1932 en un fallido golpe de Estado conocido como la «sanjurjada». Tras ser amnistiado, se exilió en Portugal. Se sumó al alzamiento militar de 1936, si bien su avioneta se estrelló cuando lo trasladaba a Burgos para asumir la jefatura de la rebelión.

Emilio Mola Vidal

Placetas (Cuba), 9 de julio de 1887 - Alcocero (Burgos), 3 de junio de 1937.

Militar. En 1930, siendo presidente el general Berenguer, lo nombró director general de Seguridad, puesto del que fue cesado tras la proclamación de la II República. El gobierno republicano quiso alejarlo de la capital, por lo que lo destinó a Pamplona como gobernador militar. Desde allí propiciaría el alzamiento del 18 de julio de 1936. Dirigió la ofensiva militar en el norte de España hasta su muerte, en un accidente de avión.

Honorio Maura Gamazo

Madrid, 29 de octubre de 1886 - Fuenterrabía, 4 de septiembre de 1936.

Dramaturgo y empresario. Amigo personal de Alfonso XIII. Tras la caía del rey, fue elegido diputado por Pontevedra en las Cortes republicanas. Se encontraba en su casa de Zarauz cuando estalló la Guerra Civil. Fue detenido el 23 de julio de 1936, encarcelado y fusilado unas semanas más tarde.

Juan Ventosa y Cavel

Barcelona, 7 de marzo de 1879 - Lausana (Suiza), 17 de agosto de 1959.

Abogado y economista. Fundador de la Liga Regionalista junto a Cambó. Fue ministro de Hacienda en el último gobierno monárquico y diputado por Barcelona en las Cortes republicanas de 1933.

José Rivera Álvarez de Canero

San Fernando (Cádiz), 27 de octubre de 1862 - Valencia, 3 de agosto de 1938.

Militar. Jefe del Estado Mayor de la Armada y ministro de Marina en dos ocasiones. Fue el encargado de acompañar al rey hasta Marsella.

ANEXO II

BORRADOR DEL MANIFIESTO DEL REY CON LAS CORRECCIONES QUE HIZO EN EL CONSEJO DE MINISTROS EL 14 DE ABRIL DE 1931

Las elecciones celebradas el domingo, me revelen claramente que no tengo hoy el amor de mi pueblo. Mi conciencia dice que ese desvio no será definitivo, porque procuré siempre servir a España, puesto el único afán en el interés público, hasta en las mas críticas coyunturas.

Un Rey, puede equivocarse y, sin duda, erré Yo alguna vez; pero, sé bien que nuestra patria se mostró en todo momento generosa ante las culpas sin malicia.

Soy el Rey de todos los españoles y, tambien, un español. Hallaría medios sobrados para mantener Mis pegias prerrogativas, en eficaz forcejeo con quienes las combaten. Pero, resueltamente, quiero apartarme de cuanto sea lanzar a un compatriota contra otro, en fratricida guerra civil. No renuncio a ninguno de Mis derechos, porque mas que mios son depósito acumulado por la Historia, de cuya custodia ha de pedirme, un dia, cuenta rigurosa.

Espero a conocer la auténtica y adecuada expresión de la conciencia colectiva, encargo a un Gobierno que la consulte convocando Cortes Constituyentes, y, mientras habla la Nación, suspendo deliberadamente, el ejercicio del Poder Real y me aparto de España, reconociéndola así como única Señora de sus destinos.

Tambien ahora creo cumplir el deber que me dicta Mi amor a la Pátria. Pido a Dios que tan hondo como Yo lo sientan y lo cumplan los demas españoles.

[Facsímil del borrador del Manifiesto del Rey, corregido por S. M. en el Consejo del 14 de abril.]

ANEXO III

AL EJÉRCITO ESPAÑOL

«Al alejarme de vosotros, al dejar el suelo de nuestra patria, es mi deseo manifestaros mi gratitud por la lealtad que siempre me habéis mostrado y la seguridad que abrigo de que en todo momento seguiréis siendo modelo de disciplina y procuraréis por vuestras virtudes elevar vuestros corazones para el servicio del país. Unido a vosotros grito más fuerte que nunca: ¡viva España! Alfonso R».

A LA MARINA DE GUERRA

«Convencido estoy de que para ser España algo y pesar en la balanza mediterránea, ostentando nuestro rango y contribuyendo al mantenimiento de la paz, es necesaria la mayor eficacia de nuestras fuerzas navales tanto en material como en personal. Vosotros con vuestra lealtad, entusiasmo y disciplina honrasteis siempre la enseña gloriosa de nuestros mayores, que al flotar del viento sobre vuestras cabezas cobijándoos bajo sus pliegues, os hacía sentir la protección y el amparo de la madre patria. El crucero que exaltó vuestro orgullo, cuando recién construido mostraba la última palabra, en aquellos días en que visité puertos de Italia, Inglaterra y Francia en el Mediterráneo, recibiendo por doquiera felicitaciones por su estado de eficiencia, es el que ahora me conduce hasta tierra extranjera y la última tierra española en que vivo. Al arriar mi pendón en la seguridad del deber cumplido y para evitar derramamiento de sangre entre hermanos, os ruego que sigáis laborando con fe por nuestra marina y sirviendo a la patria con el mismo entusiasmo con que lo habéis hecho en mi tiempo; y cuando formadas las brigadas gritéis: ¡viva España!, sabed que nunca os olvido y que mi corazón está con vosotros. Alfonso R».

BIBLIOGRAFÍA UTILIZADA

ALCALÁ-GALIANO, Álvaro. *La caída de un trono. 1931.* Madrid: Compañía Iberoamericana de Publicaciones, 1933.

ALCALÁ-ZAMORA, Niceto. *La victoria republicana. 1930-1931.* Madrid: La Esfera de los Libros, 2012.

BERENGUER, Dámaso. *De la Dictadura a la República.* Madrid: Editorial Tebas, 1975.

CAMBÓ, Francisco. *Memorias (1876-1936).* Madrid: Alianza, 1987.

CASTILLO-PUCHÉ, José Luis. *Diario íntimo de Alfonso XIII.* Madrid: Biblioteca Nueva, 1960.

CLAVERO, Vicente. *14 de abril. Crónica del día en que España amaneció republicana.* Madrid: Los Libros de la Catarata, 2015.

CONDE DE ROMANONES. *Las últimas horas de una Monarquía. La República en España.* Madrid: Ed. Javier Morata, 1931.

CORTÁZAR ECHEVERRÍA, Julio. *Romanones. La transición fallida a la democracia.* Barcelona: Espasa, 2021.

CORTÉS-CAVANILLAS, Julián. *Alfonso XIII.* Barcelona: Editorial Juventud, 1966.

DÁVILA ÁLVAREZ, Rafael. *La Guerra Civil en el norte.* Madrid: La Esfera de los Libros, 2021. Contiene la trascripción literal del informe redactado por el ministro de Marina, almirante José Rivera y Álvarez de Canero, que acompañó al rey en su viaje hasta Marsella, y que publicó en *La Gaceta Ilustrada*, n.º 444, de 10 de abril de 1965.

DE LA CIERVA Y PEÑAFIEL, Juan. *Notas de mi vida*. Madrid: Editorial Reus, 1955.

DE LA CIERVA, Ricardo. *Acoso y derribo de Alfonso XIII*. Madrid: ARC, 1996.

EL CABALLERO AUDAZ. *¿Alfonso XIII fue buen rey?* Madrid: Caballero Audaz, 1934.

FERNÁNDEZ ALMAGRO, Melchor. *Historia del reinado de don Alfonso XIII*. Barcelona: Montaner y Simón, 1934.

GUERRA DE LA VEGA, Ramón. *El reinado de Alfonso XIII. Del final de la Regencia a la II República (1902-1931)*. Madrid, 2018.

MARQUÉS DE HOYOS. *Mi testimonio*. Madrid: Afrodisio Aguado, 1962.

MAURA GAMAZO, Miguel. *Así cayó Alfonso XIII…* México: Arial, 1962.

MAURA GAMAZO, Gabriel. *Dolor de España*. Madrid, 1932.

MOLA VIDAL, Emilio. *Obras completas*. Valladolid: Librería Santarén, 1940.

MORENO LUZÓN, Javier. *El rey patriota. Alfonso XIII y la nación*. Barcelona: Galaxia Gutenberg, 2023.

ORTIZ Y ESTRADA, Luis. *Alfonso XIII, artífice de la II República española*. Madrid: Libros y Revistas, 1947.

PABÓN, Jesús. *Días de ayer. Siete relatos de tres días*. Barcelona: Editorial Alpha, 1963.

ROMERO SALVADOR, Carmelo. *Las elecciones que acabaron con la monarquía. 12 de abril de 1931.* Madrid: Colección Mayor, 2023.

SÁNCHEZ GUERRA, Rafael. *Proceso de un cambio de régimen.* Madrid: Compañía Iberoamericana de Publicaciones, 1932.